Der Weg zur finanziellen Freiheit

Ihre erste Million in 7 Jahren

Bodo Schäfer

财务自由之路

7年内赚到你的第一个1000万

[德] 博多·舍费尔 著 刘欢 译

中国出版集团 现代出版社

版权登记号：01-2018-2211

图书在版编目（CIP）数据

财务自由之路 /（德）博多・舍费尔著；刘欢译．—北京：现代出版社，2018.6

ISBN 978-7-5143-6989-2

Ⅰ．①财…　Ⅱ．①博…　②刘…　Ⅲ．①投资—基本知识　Ⅳ．①F830.59

中国版本图书馆 CIP 数据核字（2018）第 052624 号

财务自由之路

作　　者：（德）博多・舍费尔
译　　者：刘　欢
责任编辑：姚冬霞
出版发行：现代出版社
通信地址：北京市安定门外安华里 504 号
邮政编码：100011
电　　话：010-64267325　64245264（传真）
网　　址：www.1980xd.com
电子邮箱：xiandai@vip.sina.com
印　　刷：北京市松源印刷有限公司
字　　数：200 千字
开　　本：280mm×1230mm　1/32　　印　　张：11.5
版　　次：2018 年 6 月第 1 版　　印　　次：2018 年 6 月第 1 次印刷
书　　号：ISBN 978-7-5143-6989-2
定　　价：58.00元

财富不会从天而降——除非你指望着中彩票头奖。但每个人可以做到的是：做出正确的决定，制订一个长期计划，使自己获得财务保障，甚至创造出一份财富，以此来改善自己的生活质量。如何消除对金钱和财富的偏见？怎样才能避免消费债务？如何在不丧失生活乐趣的情况下正确省钱，让你的收入大幅提高？所有这些问题，在本书中，博多·舍费尔会以一种充满说服力且设身处地的方式来进行回答。此外，本书还介绍一项重要内容：哪些投资项目不仅能保障财务安全，还有可靠的专家网络做后盾。

博多·舍费尔是成就最为卓越的非虚构作家之一。他是国际知名的讲座带头人和国际性会议发言人。博多·舍费尔将继续提供业内知识，透露极其有效的资金管理技巧，指引读者一步一步走上财务自由之路。

前言

大多数人的梦想和现实状况都有天壤之别，而他们却认为，这是不足为奇的。为消除这一不正确的认知，我写下了这本书。

我想表明：财富是你们与生俱来的权利；也就是说，生活体面、财务自由是你们的天职。我也乐意于使你们对前途再次充满信念。我撰写本书以来，发生了两件事情。

其一是我切切实实成功地触动了很多人的心。截至今天，已有超过 1 000 万的人读过此书。此书已被翻译成大约 35 种语言，成为全球各个时代最为成功的理财书。

问题是：为什么这本书能取得如此巨大的成功？答案很简单：因为它帮助了不计其数的人。很多人写信给我，这些信件对我来说意义重大。他们的成功故事可谓精彩纷呈。自从专心研究金钱这一主题，他们生活中还有哪些方面没有彻底改变吗？说到这里，便引出了第二件事。

我写这本书的时候就知道，这本书可以使人学到财富世界的游戏规则。在此期间，我的这一看法也通过世界各地的积极反馈，以及走上财务自由之路的各界人士，得到了证实。

跟你现在读到的数据相比，很快将会有越来越多的人变得富有，这是一个方面。但是另一方面，也会有很多很多的人在财务上陷入僵局。这使人感到不好受。因此，我的任务还没有结束。我想使你进一步了解金钱这一主题。

也许有些人会反驳："但金钱并不能给人带来幸福啊。"当然不能。而且这也不是金钱的任务。金钱应该给予我们安全感、自由感。金钱应该为我们提供这样一种可能性，一种我们可以过上自己想要的生活的可能性。但还有一点无可否认：金钱可以使人更接近于幸福的生活。

读完本书，你对这句话的理解会更深刻一些。因为这本书一直都是一本关于幸福的书，而不仅仅是一本关于金钱的书。它能指引你过上成功和幸福的生活——成为最好的自己。这也许道出了本书取得巨大成功的原因。

我读了许多读者写给我的感谢信，超过 36 000 封！大多数人得出一个惊人的观察结果，用我的话总结就是：一旦金钱开始流动，它就会快速且大量地流入你的口袋，以至于你很惊讶以前你的钱都藏哪儿去了。

但愿你们也会如此。期待你的来信。

你最真诚的博多·舍费尔

贝尔吉施格拉德巴赫　2015 年 2 月

序

你知道大多数人过上梦想生活的阻碍是什么吗？金钱。毫无疑问，是金钱。因为金钱代表了一种特别的人生观，反映了我们的心理状态。金钱并不会自动地产生，它更多地以一种能量的方式体现出来：我们在生活重心投入的能量越多，便会有更多的金钱向我们涌来。真正的成功人士始终具有聚财能力。一些人赚钱然后储蓄，另一些人使用金钱为周围人服务。不过，所有人都有持续赚钱的能力。

我们不应过度强调金钱的重要性。但是你知道金钱在什么时候尤为重要吗？在你金钱短缺的时候。有财务困境的人，就会知道金钱的重要性了。要克服金钱问题，不能让金钱控制我们的生活，而应让它在生活的各个领域助我们一臂之力。

我们每个人都有梦想。我们想要过上什么样的生活，我们应该得到什么，对此我们都有自己的想法。我们内心深处认为，我们都扮演着特定的角色，这能够为我们在当前环境下创造出一份更美好的生活。而实际上，我却屡次见证了一成不变的生活和现实状况逐渐扼杀了梦想。许多人忘记了，艳阳之下也有自己应得的一席之地，因为他们已经故步自封。

我们通常都听天由命。我们接受妥协——在我们整装待发之前，时间已大跨步地与我们擦身而过了。通常情况下，我们中的许多人如果没能过上理想的生活，都会归咎于自身的财务状况。

28年来我都致力于研究金钱、成功和幸福。从中我也学到了，从不同的角度去看待金钱：金钱会妨碍我们充分挖掘自己的潜力；或者从另一个角度来看，金钱能帮助我们成为最好的自己。

我和本书是你随叫随到的私人金钱教练。我想继续传授我的所学所获。我想引导你创造一台赚钱机器。有钱首先就意味着过上自由且独立的生活。当我认识到这一点时，我的内心便极度渴望将我的知识传递出去。我有义务将所有与我有接触的人，引导上一条切合他们本人实际的财务自由之路。正如人们可以学会飞行、潜水或编程一样，每个人都可以通过学习几个基础知识模块来走向富裕，甚至积聚财富。

变得富有的途径有很多。本书中为您详述其中一种，它由以下4种策略组成：

1. 储蓄一定比例的金钱。
2. 使用储蓄资金进行投资。
3. 提高自己的收入。
4. 从每次加薪中提取一定比例进行储蓄。

如果你付诸实践，你将会在15~20年之内获得50万~100万欧元（1欧元约合人民币7.4元）的财富（视你当时情况而定）。这并非奇迹。如果想更快（比如7年）获得你的第一个100万欧元，那你就必须尽可能多地使用本书中的策略。每使用一个策略，你便会更接近于你的目标。

如何在7年之后变得富有？你应该知道，这并不仅仅在讨论你想拥有多少财富，还在讨论你要拥有的人格。

走上财务自由之路肯定不容易，但更不容易的是财务不独立。如果你遵循本书中的各条建议，你的目标绝对会实现。我在我的讲座上成功地帮助了成千上万的人走上财务自由之路。我一直都在不停地见证，这些知识是如何彻底改变人们的生活的。

请不要认为只要拥有这本书就会使你变得富有。事实是：仅仅闭门读书不会让你变得富有。更多地运用这本书，使这本书的知识成为你知识体系的一部分，你才能变得富有。那时，你的潜能才会显现出来。

让我们一同携手走上这条共同的道路。首先在财务方面为自己确立一个目标。在接下来的内容中你会读到一个自我分析。请你在确定自己所处的财务状况之后，再开始读这本书。

我衷心地希望，这本书除了让你变得富有之外，还能以一种深刻的方式触动你。我不认识你，但我知道，如果你正捧着这本书，那么你一定是一个非常特别的人，你还没有屈服于周围环境给你的压力。你是一个想要创造自己未来的人。你想要设计自己的未来，你想要过上不平凡的生活。我全心全意地希望这本书能助你一臂之力。

你的最真诚的博多·舍费尔

自我分析：你处于什么样的财务状况

注意：阅读本书之前，请回答以下问题。

1. 你如何评价自己的收入？

□非常好　　□足够

□很好　　□差

□好　　□非常差

□满意

2. 你如何评价自己的净资产？

□非常好　　□足够

□很好　　□差

□好　　□非常差

□满意

3. 你如何评价自己的投资？

□非常好　　□不差

□很好 □差

□好 □非常差

□满意

4. 你如何评价自己投资理财方面的知识?

□非常好 □足够

□很好 □差

□好 □非常差

□满意

5. 你有周密的理财计划吗? 你确切地知道自己的目标、需要的投入和资金来源吗?

□清晰明了 □知道

□非常清楚 □不知道

□清楚 □完全不知道

□了解

6. 你有财务方面的教练吗?

□有 □没有

7. 你交际圈中的大部分人

□比你富有

□财务状况和你差不多

☐比你穷

8. 你是否每月至少储蓄收入的 10%~20%？

☐是

☐不一定

☐否

9. 你是否定期捐赠金钱？

☐是　　　　☐否

10. 你是否认为你应该赚大钱？

☐是　　　　☐否

☐从来没有考虑过这个问题

11. 如果不再有其他收入，你现有的资金够你生活多久？

________个月

12. 你能计算出你什么时候可以仅靠利息便可生活吗？

☐能　　　　☐不能

13. 如果你今后 5 年的财务发展状况和前 5 年一样，你会感到满意吗？

☐满意　　　　☐不满意

14. 你知道自己关于金钱的真实想法吗?

☐清楚知道

☐知道一些

☐不知道

15. 你会如何描述你的财务状况?

____

16. 如果让你为自己在财务方面定义一个身份的话，你会怎么称呼自己（比如唐老鸭的舅舅[①]、初学者、失败者、倒霉鬼、吸金磁石、成功者……）?

____

17. 金钱在你的生活中更多地是

☐一种帮助　　☐一种阻碍

18. 你了解基金吗?

☐清晰明了　　☐知道

☐非常清楚　　☐不知道

☐清楚　　☐完全不知道

☐了解

① 指守财奴。——译者注

19. 你了解股票知识吗？

□清晰明了　　□知道

□非常清楚　　□不知道

□清楚　　□完全不知道

□了解

20. 你是否了解基本的投资准则并运用这些准则？

□是　　□否

21. 你认为金钱对你而言重要吗？

□不重要　　□非常重要

□有一点重要　　□最为重要

□相当重要

22. 关于金钱、支付和财务，你有何观点？

____

____

23. 在回答完上述问题后，你会如何评价你的总体财务状况？

□非常好　　□足够

□很好　　□差

□好　　□非常差

□满意

24. 在回答完上述问题之后，你有何感想？

____

目　录

基本原则

实用指南：第一个 100 万欧元

基本原则

第一章

你真正想要的是什么

你已经探索很久了。现在放弃探索，学习如何收获吧。

——海因兹·克尔纳《约翰尼斯》

一个典型的矛盾：我们内心深处的设想和我们的实际生活状况往往不尽相同。我们对于生活的设想和现实之间的差距，往往就如同白天和黑夜的差别。

我们每个人都渴望成长和幸福。在内心深处，我们都希望改变一些事情，使这个世界变得更美好。我们都确信，我们值得过上美好的生活。

变得富有的机会如何

我们实现梦想的绊脚石是什么？我们实现一切渴望的阻碍是什么？当然，大多数人都生活在一个不利于致富的客观环境中。我们的政府是一本反面教材，年复一年地大量举债。为了支付越发高涨的国家债务利息，政府提高了税收。

我们的教育体制也没有为这些问题给出答案。比如，“我们如何才能过上幸福的生活”，“我们如何才能变得富有”。我们能够学习到这样的知识，阿提拉于451年在沙隆之战中惨败，但是我们学不到如何使自己经济独立。谁能教会我们如何变得富有呢？是我们的父母吗？我们中的大多数人并没有富有的父母。也正因此，我们能得到的关于创造财富的建议也是微乎其微。此外，我们的社会倡导过度消费，我们的熟人圈和朋友圈中也缺乏这方面的良师益友。因此，许多人在生活中失去了一些东西，这些东西被我视作我们与生俱来的权利，即**幸福和富有**。

如果审视我今天的生活，那么我的内心充满了深深的感激之情。我过上的正是我梦寐以求的生活，我经济独立。但我并非一直如此。跟大多数人一样，我也经历过这样的阶段，在那些阶段里，自我怀疑和迷惘充满了我的内心，仿佛使我瘫痪。

特殊的经历造就了我们

我们每个人在生活中都有过一些对我们影响颇深的经历。这些具有导向作用的经历改变了我们的世界观和我们对人类、机会、金钱以及世界的看法，进而使我们的生活变得更加美好或者更加艰难。

6 岁时的一次经历影响了我的金钱观。我的父亲因为肝硬化被送进了医院。他得住院 12 个月，因为他需要绝对的静养，医生也要求他尽可能不要看书。

一天，我听到一位医生对我母亲说，他从来没有见过一位有这么多访客的病人。尽管父亲需要绝对的静养，但是每天都有不下 6 拨人来看望他。而且我们也发现，我父亲就算在病房里，也还在继续工作。他是一名律师，工作之余他还开展一项副业，他称之为“穷人的律师事务所”。收入微薄的人会得到他的免费辩护。

我母亲马上就去找父亲谈话了。母亲劝他不能再这样下去了，不然他就不能活着离开医院了。就连医生也极力劝他要“理性行事”。但是我的父亲是一个性格倔强的人，他还是坚持做他认为正确的事。

我经常在他的病床边坐几个小时，听访客向他倾诉的内容。你知道吗？他们的主题永远都是钱，他们永远都在哭诉，过失方永远都是环境或他人。我不懂法律案情，所以感觉好像一直在重复听到同样的故事：金钱焦虑、金钱焦虑、金钱焦虑……最初我还觉得这些故事引人入胜，但是很快就不胜其烦。慢慢地，我开始憎恶贫穷。贫穷使人生活不幸。因为贫穷，他们卑躬屈膝地来病房探望我的父亲，并向父亲乞求帮助。我要成为一个富有的人。我下定决心，30 岁之前一定要成为一名百万富翁。

仅有决心是不够的

然而这并非一个了不起的成功者故事的开端。虽然我在30岁时达成了我的目标，但在此之前5年，我还负债累累，体重超重18公斤，对自身充满了怀疑。因为我当时的财务状况很紧张，所以金钱就是我当时生活的中心。

金钱的重要性，一直都是我们赋予它的。所以当你有财务问题时，金钱便会变得尤为重要。

我**希望**一切都能变得更好，事态也终会朝着这个方向发展的。但如果我们只是徒有希望而不做努力的话，那什么都不会发生。**希望是一种智能镇定剂，一种绝妙的自我欺骗**。我们在等谁？在等什么？是上帝还是命运？上帝绝不是一个古怪的临时保姆，会因为我们无所事事而奖赏我们。古老的格言自有其道理："所有的傻瓜都生活在希望和等待之中。"

我们的价值观和目标必须一致

我曾经感到绝望：我明明日进斗金，怎么还负债累累？当我终于找到这个问题的答案时，我吃了一惊。我内心深处从不认为金钱是善物。我亲手毁了自己的成功。

我父亲终究在患病 8 年后去世，我时常听人说："他是工作过度累死的。"我绝不愿因工作过度而死，也绝不想像那些穷人那样，去病房探望父亲，只为求得一名律师的帮助。我一定要变得富有，而且尽可能不付出太大的代价。

之后，母亲在父亲去世后也逃避似的皈依了宗教。她便是一个坚持"富人进天堂比骆驼穿过针孔还难"的人。而我，一方面想获得福报，就会想贫穷是福；另一方面，我又想变得富有，因为我憎恶贫穷。

两个不同的价值观将我引向了两个不同的方向。只要没消除我的价值观冲突，我就总会站在两个方向的分歧点上。

万不得已，我最终还是**尝试**去使自己变得富有。每当我们尝试某事时，总有一些具体的阻碍挡在面前。我们为自己准备好退路。尝试新事物的人也总是预备好迎接阻碍他实现目标的困难。我们迎接障碍，因为我们不认为生活会优待我们，不认为自己已经强大到能够实现目标。

乐观主义和自信

将你的乐观主义暂时收起来。我也乐意向你解释一下我提出该项要求的原因。乐观主义当然是一种正面的品质，它会帮助你看到所有事物的积极面。但如果只有乐观主义而不具备其他品质的话，它也不会发挥很大作用。乐观主义经常被错当成自信。

乐观主义让你看到事物的积极面，而自信给你一种战胜事物黑暗面的信心。生活并不是一支只由美好明快的曲调组成的交响乐，它还有黑暗低沉的曲调。不过自信的人在面对困境时不会胆怯。

自信指的是，一个人在自身经历的基础之上，知道他遇事可以依靠自己。一个自信的人不会因阻碍而愤懑，因为他知道他一定会破除万难达成目标。多次的事实也证明他确实能做到。如何在短期内建立自信，详情参见第三章。

你的财务状况对于建立自信极为重要。财务状况可降低出现盲目乐观主义的可能性。账户余额让吹嘘无所遁形。你想建立起充足的自信，就必须管理你的财务状况。**你的财务状况应该成为一个你不惧怕任何阻碍的证明**。

你不能让自己的财务状况破坏你的自信程度。没有自信的生活只能叫作生存。你永远都不会知道自己的潜能。你从不冒险，从不成长，从不应对处境做出反抗，从不充分开发自己真正的潜能。**一个没有自信的人，只是一个一事无成、一无所有的无名小卒**。

所有这些都不是乐观主义，而是自信。只需看一眼账户余额，你就知道你的财务状况是你生活的保障。只需看一眼账户余额，你就立刻充满一种来自自身能力的安全感。

这正是本书的主题，即：管理你的财务状况，使它服务于你，而非给你带来麻烦。金钱可以使你生活艰难，也可以使你生活轻松。

你处于什么样的状态中

你是否认为你将会得到晋升？你是否认为“这”还不是全部？而且你还会比现在挣得更多？你是否认为你变得富有只是一个时间问题？请把你的乐观主义暂时收起来：你的个人财产在过去 7 年发生了什么变化？在下面横线写下一个数字，这个数字是你的个人财产在过去 7 年中增多或者减少的数量：

________欧元。

这个数字往往使人失望，却也切中要点。如果你继续坚持原来的做法，你只会在 7 年之后再次看到一个大致相同的数字。再往后的年份里这样的趋势又会重复出现。如果你想获得不一样的结果，那你就必须有所行动：你必须改变自己的方式，首先需要改变的便是你的思维方式。

你的思维方式铸就了你今天的样子。这样的思维方式却并不能让你变成你想成为的样子。

你关于金钱的真实想法是什么？你在生活中总是不断地与自己进行对话。如果你私下里认为，金钱不好，那么你就无法使自己变得富有。那么，你的真实想法是什么呢？我们将在第五章中详细探讨这个问题。你会发现内心最深处关于金钱的真实想法和感觉，也会明白你应该如何转变你的观念。

金钱是善物

26 岁时我认识了一个人，他教会了我致富的准则。仅仅 4 年之后，我就可以仅靠利息生活了。我之所以能如此之快地达成这一目标，是因为我的梦想、价值观、目标和策略都是一致的。

不管你相不相信，金钱确实改变了我生活中的许多东西。金钱不会解决你的所有问题，它也绝不是万能的。但是，缺钱却能使你的幸福蒙上一层阴影。有了金钱，你在处理问题的时候便能尝试多种方式。而且，你也将会有机会结识更多的人，参观风景优美的地方，得到更加有趣的工作，获得更多的自信，赢得更多的赞赏，获取更多的机会。

生活的 5 个领域

我将生活简化为 5 个领域：健康、财务、关系、情感和人生意义。5 个领域都同等重要。

健康是革命的本钱。无法控制情感的人，也无法完成自己的既定计划。良好的人际关系就犹如盐对于汤的重要性。关于人生意义，我指的是做自己认为有趣的、符合自己才能的、有益于他人的事情。财务状况也属于此类范畴。**永远不要为了金钱去做一些无趣的事情**。所以你需要的是财务自由。

你可以将生活的 5 个领域分别比作你一只手的 5 根手指。想象一下，你的中指代表你的财务状况，有人使用一把锤子狠狠敲击你的中指，你是说“没关系，只不过一根手指而已，我还有另外 4 根手指呢”，还是会将全部注意力集中在疼痛的中指上？

重要的是，生活中的 5 个领域能够互相协调一致。你应该使自己在 5 个领域中的任何一个领域都成为冠军。有金钱问题的人便无法平衡这 5 个领域。金钱问题也总是会对其他几个领域造成消极影响。同其他几个领域相比，金钱也是同等重要的。

为什么人们想在短期内变得富有？因为他们想获得足够的能为他们服务的金钱。因为他们**想拥有一台赚钱机器，而非穷其一生当一台赚钱机器**。因为他们想拥有足够的资金，以过上一种收支平衡的生活。

你知道为什么大多数人都不去做自己真正感兴趣的事情吗？因为他们缺钱。有这样一个恶性循环：许多人并不去从事自己感兴趣的工作，因为他们不知道如何从中赚钱获利；但是，也没有人因为厌恶自己的行当而发大财；因为缺钱，他们也就选择继续待在原来的工作岗位上，自己不喜欢这份工作，然后，也赚不到钱。

解决方法是：**将你的事业建立在你最大的爱好之上**。用你的爱好来赚钱。花点时间分析一下，你真正感兴趣的是什么、你的才能在哪方面，之后你才有可能从事一份自己既感兴趣又能赚钱的工作。

几年前我结识了一位纽约富翁，他在自己的办公桌上方悬挂了一条格言："整天工作的人是没有时间来赚钱的。"显然，每个人都应该花时间思考一下。我问他"应该思考什么"，他答道："认识你自己，弄清你真正感兴趣的是什么。之后再想一想你应该如何用你的爱好来赚钱。最好每天都问自己一遍这几个问题，一步步地找出最满意的答案。"

优化自己还是削弱自己

我们需要时间来了解自己，找出自己感兴趣的东西。只有在做一些使自己充满热情和力量的事情时，我们才是真正处于最好的状态，才能使金钱滚滚而来。我们需要时间看清自己的天赋，并将天赋发展成能力。我们需要时间来谱写人生剧本，并使之成为一部巨作。不花时间做这些事的人，就是在浪费生命。我们需要时间来做出一个原则性的决定，尽自己的义务去履行这个决定。因此，每个人都必须在生活中明确地做出决定：是想优化自己还是削弱自己。

优化自己指的是，学习如何以最佳的方式来运用时间、方法、才能、金钱以及与他人合作，其目的是达到最优结果。如果你想优化你的生活，你就应该不断努力成为你能成为的最优秀的人。

相反，大多数人都毫无计划地生活着，同时也削弱了自己。他们尝试**过一种得过且过的生活**。5 天的工作日对他们来说，是两个周末之间的令人不快的打扰。他们工作只是为了挣钱，并非为了一种满足感。他们不了解自己的天赋，当机会出现时，他们也识别不出来。

规划是关键

许多人计划假期比规划人生还要充分。这世上只有两种可能性：不是你自己规划你的生活，就是别人来规划你的生活。

许多人尝试过几次规划自己的生活，但是失败了。于是就有人说："我规划得越多，意外发生在我身上时我就越痛苦。所以我不做规划，也就不会痛苦。"为什么这么多人都无法成功执行他们的规划，有一个很简单的原因：他们没有将自己的梦想、目标、价值观和策略联系在一起。

美国佐治亚大学的托马斯·史丹利博士历时 12 年之久，致力于研究富人的生活。他得出了这样一个结论：这些人都属于世界上自身满意度最高的人，因为他们的梦想、目标、价值观和策略是协调一致的。

你的行动准则应该以梦想、目标、价值观和策略这 4 根支柱为基础，你的财富也应建立在你的行动准则之上。因为你一生中能否有所作为，并不直接取决于你铁一般的行动准则，而是与你的梦想、目标、价值观和策略直接相关。

接下来的章节中，我们将系统探讨这 4 根支柱。你也将在 4 根支柱之上为你的财富打下基础。当一个人将这 4 股力量协调一致之后，他所具备的能力是超乎想象的。

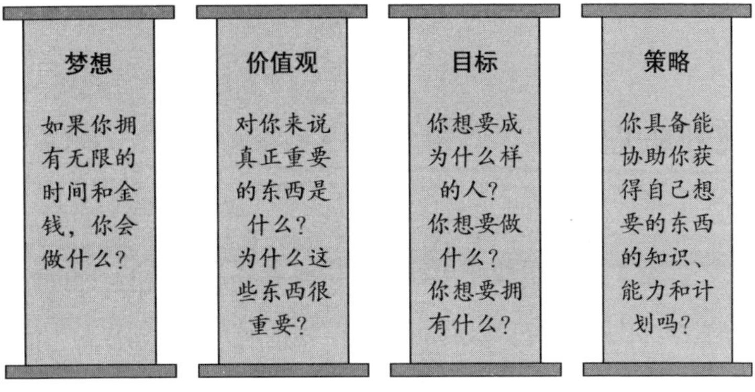

你的梦想

与梦想相关的事，便是使你快乐的事。想象一下，如果你有足够的时间和金钱，你想做些什么事情。你会惊讶地发现，你的许多梦想都需要用到金钱。

你的目标

接下来，你必须根据你的梦想确定你的目标。对此你需要做出一个明确的决定。只要我们还没有决定，没有执行，一切也仍然只是一个梦想。不妨自问一下，你想要成为什么样的人，你想要做什么，你想要拥有什么。在本书后面的部分，你将学到一种极为简单的方法，明确你的目标，并且做出一个明智的决定。

你的价值观

这部分的重点便是：你的梦想和目标必须同你的价值观相一致。问一问你自己：我真正想要的是什么？对我来说真正重要的东西是什么？在第五章中，你将会确定你关于金钱的真实想法。你的价值观并非不容变更的既成事实，而是一种可能性的选择，接下来便是要做出这一选择。受到父母和周围环境的影响，我们的价值观也与他们的相同。

但是，今天你有权选择，你拥有选择自身价值观的自由。价值观并非不可更改的东西。你的一些价值观在不同情况下会自相矛盾，我亦如此。你还记得吧：一方面我想变富，另一方面又不愿工作过度而死。如果价值观将我们引向多个不同的方向，我们就会一事无成。因此，根据你的目标来调整你的价值观非常重要。具体应该怎么做，在第五章中也有详细描述。**只有当你清晰地确定指导自己的价值观之后，你才能掌控自己的生活**。

你的策略

如果你的梦想、目标和价值观已经协调一致了，那么接下来你就应该研发能够协助你成功的策略了。使你变得富有的策略，你在本书中便能找到。现在我就先向你做个简短的介绍吧。

如何应对可能发生的债务，详情请看第六章。

你需要相关的知识和能力来执行你的计划。你必须知道如何才能获得你想要拥有的金钱，或者说，如何快速提高收入，详情请看第七章。

在第八章中，你将会学到如何留存你的金钱，因为仅仅只有高收入的话，也还是没法使你富裕起来。只有当你将金钱留存下来之后，你才会变得富有。

此外，你将在第九章、第十章和第十一章中了解到如何“饲养”你的金钱。

如何详细规划你的财务目标，在第十二章中有相关的介绍。

最后，我们还需要确保你的计划的执行。你需要一个能引导你致富的人。我在第十三章介绍如何找到自己的教练。同时你也会学到如何创造一个最佳的环境—— 一个逼迫你坚持到底的环境——以确保你达成目标。

成功并不是全部内容，因为成功和幸福是有区别的，这些你将在第十四章中读到。成功意味着得到你想要的东西，而幸福意味着热爱你所拥有的一切。因此，我也会向你说明应如何享用你的金钱。

在前面部分，我们主要先讲变得富有的必不可少的条件。在第三章中你可以学到如何创造这一奇迹。

变得富有并非难事。等到一个人真的富有之后，他就会问，为什么没有更多的人变得富有呢？在第四章中你将找到这一问题的答案。

在下一章的内容中，我想和你谈一谈最重要的创造财富和幸福的概念。如果我们还不知道如何完全掌控生活，那我们就仍然只是弱小的牺牲品。一切的开端都起源于我们掌控生活的态度。

继续阅读本书之前，请你再看一遍目录，标注出你最感兴趣的话题。因为起决定作用的还是你如何使用这本书。你一定要经常思考这些问题："这应该如何为我所用？我如何快速采取行动？"你要将本书的内容融入生活并付诸实践。这样的方法也同样适用于书中一些需要写下答案的小练习。记住：仅靠读书不会使人发财。掌握书面知识是远远不够的，知识运用于实践，才能获得真正的力量。

现在，就让我们一起来创造你的财富吧。7 年之后你将变得富有，也许甚至不到 7 年……

本章要点

- 金钱的重要性是我们赋予的。如果你有财务问题，金钱就会变得尤为重要。
- 我们的价值观和目标必须协调一致，否则我们便会处于矛盾之中。
- 乐观主义让你看到事物的积极面，而自信给你一种战胜事物黑暗面的信心。
- 自信指的是，一个人在自身经历的基础之上，知道他遇事可以依靠自己。
- 你的思维方式铸就了你今天的样子。这样的思维方式却并不能让你变成你想成为的样子。
- 成功意味着成为最好的自己。幸福指的是热爱你现在的样子。
- 财务问题总是会对其他几个领域造成消极影响。
- 做个选择：你是想拥有一台赚钱机器，还是穷其一生成为一台赚钱机器。
- 将你的事业建立在你最大的兴趣之上。
- 整天工作的人是没有时间来赚钱的。

- 只有当你清晰地确定指导自己的价值观之后，你才能掌控自己的生活。
- 你一生中能否有所作为，并不直接取决于你铁一般的行动准则，而是与你的梦想、目标、价值观和策略直接相关。

第二章

责任意味着什么

给你责任的人同时也给你了权力。

——韦恩·戴尔博士《如何成为跨越极限之人》

如果我们意识不到自己的责任，那么财富的积累就只是妄想。责任不在于我们的国家、周围的环境、我们的伴侣、教育现状、健康状况、财务状况，而在于我们自己。

“等一下”，你可能会说，“那出现健康问题怎么办呢？遇到厄运怎么办呢？我被欺骗了怎么办呢？发生无责任事故又该怎么办呢？**总要我们自己承担责任吗？**”

假设在一个晴朗的天气里，有人撞上你停得好好的车。你用对此负责吗？你不用对这位陌生人的行为负责，但你要对自己的反应负责。也许你会拿起猎枪击毙那个家伙，进行“正当防卫”。也许你会在一旁幸灾乐祸，因为你当时一下子就想到了，保险公司会支付这笔损失，你的车也因此可以重新进行喷漆，它反正早就需要喷漆了。在这种情况下，你甚至完全坐收渔利。

你并非对所有的事件都要负责，但你总是要对自己对事件的判断和反应负责。

责任

当然也有一些事件使我们的健康和经济受损，使我们苦恼不堪，但并不是发生在我们身上的事情使我们如此痛苦，而是我们对待事情的反应。同样地，对于自己的遭遇，我们能够自己决定应该做出怎样的应对。

假设这里有一个橘子，如果我轻轻挤压这个橘子，会出现什么情况？“愚蠢的问题，”你回答道，“当然会挤出橘子汁啊。”正解。那么，同一个橘子，如果我用脚踩，会发生什么情况呢？会踩出橘子汁。那么，如果我将这个橘子扔向墙壁呢？还是会出来橘子汁。

这个橘子并不对我所做之事“负责”，但对它自己的表现“负责”。它一直都以体内的橘子汁来对我的行为做出应对。同样地，我们也对自己内心的反应负责——对我们的态度和我们的表现负责。

责任意味着做出恰当的反应。我们一直都对自身的反应和表现负有责任。要承认，我们掌控自身反应并不容易，尤其是，当我们自身做出的反应很糟糕的时候。仅仅是因为对方先挑衅，你就和他争吵起来，这是不理性的。我们完全可以做出除争执和纠纷以外的别的反应。转身追杀一条刚刚咬过我们的毒蛇，这只会使毒液更快地流遍我们的全身，更好的方法是，马上采取解毒的措施。除了争吵，还可以静下心来分析事态。举个例子，我们可以扪心自问，合作伙伴的行为有多少仅仅只是针对我们先前恶劣态度的反应。

我们的反应便是我们针对突发事件做出的一个回应。我们需要对这个回应负责。责任这个单词在英语中叫作“responsibility”，在这个单词中隐藏着另外两个单词“response”（回应）和“ability”（技巧）。因此，责任这一词用英语来解释就是：有技巧地进行回应。以争吵应对争执，以冲突应对挑衅，绝非最佳的问题解决方式。

大多数人都会推卸责任。当人们不想承担责任时，我们总是听到他们用这 3 个理由来搪塞责任：

1. “是基因的错。”
2. “是父母的错。”
3. “是客观环境的错。”

一名年轻男子刺杀了两个人。于是，几名记者开始询问他的个人生活和他的犯案动机。

他向他们讲述，他在一个破碎的家庭中长大。他能记起来的画面便是父亲喝得酩酊大醉，然后开始暴打母亲。他们靠父亲偷来的东西生活。自然而然地，7 岁时，他也学着父亲的样子开始偷盗。在杀人未遂而处以拘留之后，他又犯下了这两起杀人罪。他用这句话结束自己的故事:"在这种环境下成长,我还能成为什么样的人呢?"

这个年轻人有个双胞胎哥哥。记者得知这一情况之后,也去拜访了这位哥哥。令他们感到惊讶的是,这位哥哥跟他的弟弟是截然相反的两个人。他是一位有名望的律师,声誉极佳,被选入市政委员会和教区委员会。他已婚,育有两个孩子,家庭生活幸福美满。

记者感到十分吃惊。面对记者提出的问题"他何以发展至此"时,他讲述了同一个故事。不过,他这样结束自己的故事:"在常年经历这些事情的情况下,我除了变成现在这样,还能变成其他什么样子呢?"

同样的基因,同样的父母,同样的教育,同样的环境,但是两个人对事情的描述和反应却大相径庭。两个在同样环境下成长起来的人怎么会走上截然不同的道路呢?也许两个人都认识了一位良师益友,但一个人听从了劝告,而另一个人却没有。也许两个人都得到了同一本书,并开始了阅读,但只有一个人坚持读了下去,而另一个人却没有。原因我们无从得知。总之他们就是成长成了两个截然相反的人。

尽管存在各种各样的障碍,但我们仍然要负责任。对情况进行判断,做出反应的毕竟是我们自己。想象一下,如果从今天开始所有的金钱都将被充公,然后给每人发放 5 000 欧元,会发生什么事情呢?接近傍晚时,便有人少了 3 000 欧元,而有人的钱却因此变多了,几周之后又出现了富人和穷人之分。研究者声称，大约在一年后，金钱的分配又会回到它最初的样子。

你对这本书的反应如何

此外，既然我们刚好讲到责任，我是对我在书中介绍的内容负责的，而你对你在书中学到的东西负责。这也同样适用于我的讲座。学员在参加讲座后提高了收入，这样的情况我们见证了一次又一次。有些人甚至使自身收入翻了一番。大多数人存下了至少 20% 的资金，并且开始积累财富了。

许多人开始运动，健康饮食，健康生活。我引导学员在讲座上共同进行冥想，现在许多学员也将这 15 分钟纳入自己的日常生活中去了，他们的压力也因此得到了释放。我们接到许多学员的来电，通过投资，他们已经连续多年平均获利超过 12%。尤其使我们感到高兴的是，学员改变了自己的金钱观，并且使用他们获得的财富做一些好事。你真应该听一听他们的语调中透出的满足感。他们不仅清偿了债务，还发现了其他的收入渠道。大多数人都学会了热爱金钱，并且学会了使用金钱使自己生活舒适。

但是，一些人来参加了我的讲座，在课程结束后无所作为。也许他们希望的是我挥一挥魔杖就能改变他们的生活，在他们的地下室里装满金条。

“是别人的错……”

有一位年轻人，他几年前参加过我的讲座《经济成功的突破口》，前段时间我又遇到他了。他见到我就说：“不管用，你讲的东西对我根本没有帮助。”因为我在课上是全心全意地想帮助大家，对大家产生积极的影响，所以当他这样说时，我感到相当吃惊。但随后这个年轻人又接着说道：“你的方法在刚开始的时候真的有效，我在第一年中就多挣了 13 500 欧元，并且存下了 25%。在第二年里，我就已经有超过 30 000 欧元的存款了，也将我所有的债务都还清了。按照你的建议，我还和两个朋友一起成立了一个储蓄俱乐部。我们将钱集中存储在一起，每人每年能得到 17.3% 的分红。但不知什么时候起，大家都停止了这项活动，我也不再存钱了。你知道我拿我的存款做了什么吗？它现在就停在我的门外，我买了一辆保时捷……”

他改变了自己的信仰。他在头两年中已经掌控了自己的财务状况，并且开始积累财富了。他知道这种方法也适用于他。但是之后他懈怠了，“宰了自己的鹅”，只是为了买一辆车。而他不想承担过失。

谁应该对此负责？将责任推给他人是不是不人道？重要的是：**你把责任推给了谁，也就给了他权力**。将责任推给他人是如此容易，让我们自我感觉良好。于是我们便这样做了：是公司的错，我在这家公司没法发挥我的才干；是伙伴的错；我的健康不允许……难道我们真的想让公司、伙伴、健康来操纵我们吗？你想一想：有责任的人，同时也拥有权力。出于这个原因，我总是喜欢将责任揽到自己身上。因为我喜欢自己掌控自己的生活。

后果和错误

如果我们以前犯过错呢？那又有什么样的责任呢？以前发生的事情会对现在造成影响，举几个例子：一名离婚的男子必须支付生活费给他前妻；健康受损的人必须注意饮食；一个负债累累的人必须做一个表白清偿诚意并交代全部财产情况的宣誓；犯有刑事罪的人必须坐牢。

道理已经很清晰了：在我们做出行为决定之后，其所造成的后果也随之而来。**拾起木棍的一端，它的另一端也随之起来**。这个认知会使我们在生活中变得更加富有责任心。

那已经发生过的事情呢？通常情况下，我们都需要为自己承担责任，因为我们无法控制我们犯下的错误所造成的后果。但这并不意味着我们应该推卸过去的责任。我们对事件后果的判断和反应，便是我们的责任所在。我们对事件后果的反应直接影响到该事件接下来的发展状况。问题的关键在于：**我们想要自己掌控将来事态的发展，还是让我们的错误及其后果掌控将来的事态？**如果我们在事件发生时勇于承担责任，那么所有的负面情绪在这一刻都会失去掌控力。

你能掌控自己的未来

对未来做好准备的最佳方法便是塑造未来。你可能不相信自己能做到吧？那你就跟大多数人一样，意识不到自己在未来10年都有哪些机会。

塑造未来的意识始于你的过去。它成长于你的知识之中，那些在过去的时间中改变了许多东西的知识。我们身上发生的潜移默化的改变，自身是注意不到的。我们通常都是一点一点地发生改变，这些变化难以察觉。

向自己提几个问题。你10年前的情况如何？作为一个普通人、一个名人、一个专家或者别人的合作伙伴，你干得如何？你的经验、目标和技术知识如何？你是如何与人打交道的，你的财务状况如何？请在下面的横线上写下你的答案。

____

____

你思考得越全面，你就能更多地认识到你是负有责任的。你将获得全新的自信。如果你在过去10年已经做出了这么多改变，那么你在未来10年又会变成什么样呢？

你 10 年前有没有想过现在会变成这个样子？想一想，你过去做出的哪些决定对你变成现在的样子（和你现在的工作、你现在拥有的一切）负主要责任。

____

____

你做出了这些决定。你决定了自己的希望和目标。你有能力掌控自己的命运。你可以从把实现梦想的 10 年缩短成 7 年开始。你现在就可以确定你想在 7 年内实现些什么，你想拥有什么，你想做一份什么样的工作。仔细想清楚，因为一旦你使用本书进行实践，你便会逐步实现你的梦想。

____

____

这种说法能成真吗？梦想成真的自信来源于你的过往。通过记录你过去积极正面的经历和成果，来延长它们对你的效应吧。这样你的意识便会更加清晰，你也能增强自信。

承担责任，拓宽你的可控领域

有一些你能直接控制和影响的事物，我称为**可控领域**。还有一些你虽然感兴趣但无法影响的事物。想象一下，一个陌生人砸坏了你的车，这件事虽然和你有关，也就是说在你的个人范畴之内，但并不属于你的可控领域。

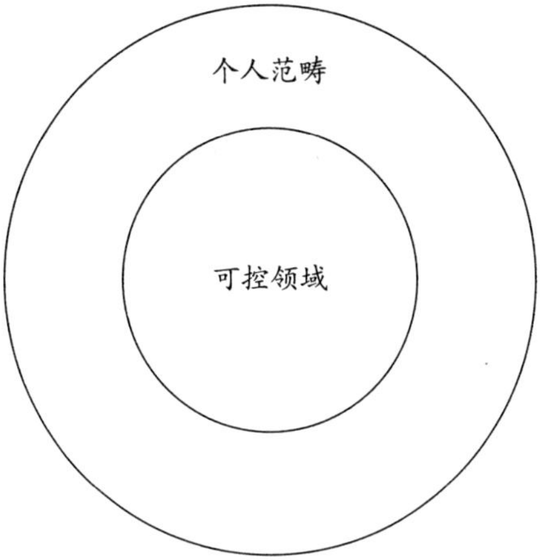

对于发生在你个人范畴之内的事情，你需要对你的判断和反应负责。

我们绝不能满足于现有的可控领域。有相关经验的人都知道，可控领域是可以拓宽的。孩提时代，我们的可控领域很小，20 岁时明显大了很多。到今天，它还在继续扩展。你可以通过拓展可控领域来积累你的财富。

如果我们总是认为，问题是由外界因素引起的，所以它不可控，那么这个想法本身就是问题所在。如果总是谴责客观因素和他人，我们就相当于自动放弃了拥有控制权的机会。抱怨和指责的行为只会体现出我们的软弱。

之后，我们对事物产生积极影响的能力也逐渐消失殆尽。如果真的想改善我们的处境，就开始着手吧。解决方法要从内在去找，而非外在。我们可以主动对所有发生在个人范畴之内的事情承担责任，同时继续拓宽可控领域。既然以前已经拓宽过可控领域，我们在未来也能做到。

16 岁时，我下定决心前往加利福尼亚州，并在那里生活。到达加州之后，我发现一切都与想象的不一样。我坐在旅店的床上，感到十分绝望。我也完全不懂美式英语，实际上我的英语水平基本相当于零。我怎么在那儿上学和挣钱呢？遭遇这样的困难，我大哭了一场，沮丧极了。但是慢慢地，绝望感消失了，并且被顽强和自豪取代。我去加州，就是为了通过努力而达到目标。我知道，我的目标不那么容易达成。

对于拓宽可控领域，这里有 4 种方法。

1. 从舒适的环境中脱离出来

我们应该离开舒适的环境，也就是使我们感到安全和惬意的环境。当我坐在加州的床上时，我已经远离了我的舒适环境。开始在那个陌生城市摸索时，我的可控领域也得到了极大的拓展。很快，我便可以在任意一个区域都感到舒服。然后就发生了一件神奇的事：离开最初的舒适环境之后，我也能感到舒服。

如果你经常旅行，那么你肯定也经历过相同的感觉。每次旅行都会将你带离你熟悉的环境。最终你会喜欢上旅行带给你的感觉：新鲜且特别。这样你也就学会了如何在舒适环境之外感受到惬意。

如果我们习惯于在每一次战胜挑战之后都马上迎接新的更大的挑战，那我们的可控领域便会快速地得以拓展。我也相信，这种态度最接近人类的天性和使命。踏入一个新环境，竭尽全力获得成功之后，我们就会觉得自己充满前所未有的活力。虽然对于一艘船来说，在港口更有安全感，但船仅用于停在港口，那我们也不会再造船了。我们虽然需要安全感，但同样也需要冒险和改变。在敢于尝试新事物，迎接新挑战的时刻中，我们会成长起来。拥有最广可控领域的人，几乎一直都处在舒适环境之外。如果没有一场接一场的危机，他们会觉得索然无味。就像运动员必须通过运动来保持活力，我们也需要新的挑战。

2. 问题

问题的存在同样为我们拓宽可控领域创造了良好的机会。一个问题之所以成为一个问题，是因为它虽然处在我们的个人范畴之内，却处于我们的可控领域之外。

同时，每一个问题也都为我们带来成长的机会。如果我们只是提出这样一个问题，“我怎么解决这个问题呢”，那可能事情不会有多少好转。不过我们也可以另提一个问题：“我如何创造一种情况，使这个问题不再出现呢？”这种新的情况指：不断拓宽我们的可控领域。

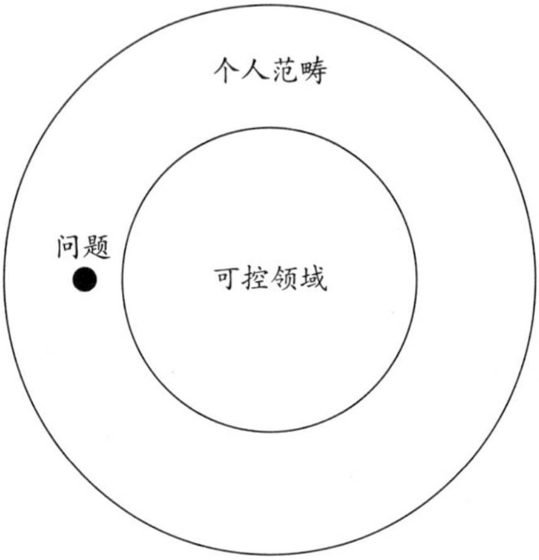

举个例子：你聚会归来，发现家里被入室盗窃，门被撬开，大量财物丢失。如果你只想解决问题，直接给锁匠和保险顾问打电话就好了。但如果你想避免这种情况再次出现，就需要多做一些事情，比如安装一个警报器，买一条看家的狗。如此一来，你就创造了一个防盗环境，你也拓宽了你的可控领域。就算你不在家，你的房子现在也有了监控。

逃避问题不会使人生活富裕。想要拥有更多金钱的人，就应该为自己列一个长长的问题清单。

3. 正确的提问方式

我们说过，提问质量决定我们的生活质量。为什么会这样呢？因为我们一直都处于一个自我对话的场景中。我们的大脑不断地抛出问题，然后自己回答问题。

如果提问方式是“我能做到吗”，我们就可能不会去做这件事。仅仅因为提问方式就会导致出现至少一个疑虑。更好的提问方式是：“我如何做成这件事情呢？”这种提问方式就排除了失败的可能性。你会成功的，问题只是如何成功。“如何”这个问题会促使你去寻找实现目标的方法，当然这个方法也是在你的可控范围之外的。

我们首先要问的不是“为什么”，而是“怎么做”。“怎么做”寻找的是解决方案，“为什么”寻找的是托词。寻找并最终找到托词的人，就没有必要再拓宽他的可控领域了，因为他是不负责的，同时他也就放弃了自己的权力。提问“怎么做”的人，他的答案很快便会将他引出现有的可控领域。因为“怎么做”是包含“为什么”这一层含义的，而反过来，“为什么”却不包含“怎么做”，也不会促使我们去寻找解决方案。

“我能做什么？”这个问题也是至关重要的。设想一下，如果在加州的时候我只关注我不会的和我不知道的东西，我肯定会找到很多理由赶快回家。这世上有许多一个 16 岁男孩在陌生国度无法做到的事情。然而，只关注我无法做到的东西并不会给我带来金钱和好处。相反，我必须更多地关注我会的东西。

正确的提问方式应该是：“我会做什么？我知道什么？我有哪些机会？”比如我会德语，所以我去教了德语课。然而我的英语实在是太差了，以至于如果我必须用英语进行解释时，都没法连续上 5 分钟的课。于是我就用德语上课。这样上课，虽然刚开始进度十分缓慢，但我的学生进步神速。今天我才知道，实际上这就是学习外语的最好方式。

如果提的问题是“谁来负责任”，那我们就是在寻找借口。当我们说“你负有责任”时，将事情引向积极方向的机会就消失了。而且，这个关于责任的问题还会将我们一直引向过去。正确的提问应该是：“在当时谁应该对此负责？”但你现在不能拓宽你当时的可控领域，所以需要将精力运用在当下。我们提出的问题也应该以当下为中心：我们现在能做些什么？

正确的提问方式可以帮助你拓宽可控领域，让我举最后一个例子。大多数人都会混淆提出“**怎么做**”和“**是否**”这两个问题的时机。众所周知，果断决策很重要。尽管如此，很多人还是很难做到。为什么？因为他们已经打算好他们应该“**怎么做**”了。“**怎么做**”是一个好的提问方式，但**不适用于**需要果断决策的场合。

现在再回到我去加州的例子上来。想象一下，如果我当时问自己“如果我下定决心前往加州，我怎么在那边战胜所有的困难呢”，会发生什么？你相信我会决定去吗？

当你做决定时，你应该问“**是否**”。这个问题的背后还藏着另一个问题“为什么”。你为什么要做某件事情？哪些原因促使你做这件事情？“**怎么做**”在这个时刻并不重要，它会在之后顺其自然地出现。

做完决定之后，你就不用再关注“**是否**”这个问题了。你大可不必在遇到第一个困难时就提出这样的问题：我的决定正确吗？我是不是应该尝试一些别的方法？如果这个时候不去思考如何解决困难，你便会重新提出“**是否**”的问题。我们都认识一些做决定时患得患失，之后又很快反悔的人。正确的决策顺序应该是：

（1）我为什么要这样做？决定“是否”要做。

（2）我应该“怎么做”？出现下一个困难的话，你如何解决？一直牢记不放弃的理由。

我们在内心对话场景中提出的问题，能决定我们的前进方向，使我们的可控领域缩小或扩大。

4. 扩大你的个人范畴

你的个人范畴包括所有影响你的事物、对你而言重要的和你感兴趣的事物。如果某样事物对于你很重要，那你肯定想对其施加影响。你会不可避免地开始思考如何拓宽你的可控领域，因为你想在个人范畴之内尽可能多地按照你的方式对事物进行控制。

假设维利·文齐希和理查德·瑞吉西在一个跨国公司的同一个部门工作。如果说维利·文齐希只对自己所在的部门感兴趣，那他的可控领域就不会很大。而理查德·瑞吉西却在考虑公司的发展方向、客户关系和市场策略。为了提升自己的影响力，他也和其他各个部门保持关系。他不满足于现状，因为他想和公司总部也建立联系。他知道竞争有多激烈。于是，瑞吉西先生自然而然地拓宽了自己的可控领域。

研究者发现，一个企业的客户圈子与企业的可控范畴是成比例地增长的。另外一些企业却将精力放在非顾客身上，他们研究的是：为什么这些人不买我们的东西，我们如何才能做到让这些人也来购买我们的商品。后者的范畴较前者而言大很多，其客户圈子也相应地快速扩大。

没有责任的生活会更轻松吗

我们不仅对自己所做之事负有责任，也对自己未做之事负有责任。有的时候，逃避责任对我们的诱惑力非常大。很多时候，不承担责任显得方便又舒适。但我们之后需要付出的代价是极高的。因为我们会被别人玩弄在手掌之中，只能按照别人为我们谱写的剧本来生活。

我们充分利用自己的潜能时，会获得最大的满足感。我所理解的成功就是成为最好的自己。我全力以赴时，会感受到前所未有的活力。

为了改善你的财务状况而承担责任

大多数人对于自身的财务状况都十分轻率。你无处可学相关的知识。大多数父母也并非正面榜样。学校里没有“如何创造财富”的专业课程。我们的社会鼓励过度消费，过度消费无处不在。

你周围的大多数人也都是负面榜样。抱怨缺钱成了一种潮流。一些格言变得备受欢迎，比如“钱用光了，这个月还剩一大半”。此外，金钱对许多人来说，也是一个乏味的、令人不快的话题，“有钱人不谈论钱”，“金钱不是最重要的东西”。我们在第一章中就已经知道，金钱很重要。如果你根本不重视金钱，使自己陷入困境，这个时候金钱就会变得**尤为重要**。换句话说：你必须避免使金钱成为你生活中价值很高的东西。因此，你必须承担责任。

当然，“金钱是万能的”这样的想法很愚蠢。然而，认为“有钱人结识不到有趣的人，有钱人不能去看迷人的风景，有钱人不能扩大自己的机会，有钱人不能集中精力做别的工作”的人，也同样愚蠢。

我们使用金钱做的事情，会在未来得以展现。我们为了金钱而做的事情，也会在未来产生效果。我们像设计师一样塑造自己的未来：我们在今天描画一个未来的蓝图，明天我们就按照这个蓝图来生活。古巴比伦人早就清楚这一道理：“明智的行为会伴随我们一生，使我们感到快乐，救我们于危难；同样地，愚蠢的行为也会伴随我们，使我们备受折磨，烦恼不堪。”

你会发现，金钱远比大多数人想象的要美好。积累财富也远比大多数人想象的要简单。但是你必须承担责任并真正地去履行责任。贫穷是自行产生的。比如说，贫穷会产生于推卸责任的时候。为了财富，你必须做几件基本的事情，这个内容我们接下来还会进行详细探讨。但是一切起源于你大脑中的想法：只有你（绝非任何人）能对你 7 年内收获多少金钱负责。

能量贴士

你对自己的生活和财务状况全权负责。

- 离开你的舒适环境
- 将困难当作成长的机会
- 提出正确的问题
- 扩大你的个人范畴

这世上有一些事你无能为力。但你可以决定，你打算如何判断以及如何对此做出反应。在这方面，你一直都是拥有权力的。

责任意味着：没有任何东西能改变你的态度或品格，因为你是按照自己的本性对事情做出反应。你可以决定自己以哪种方式去生活。这种态度使你能够生活幸福，并且成为最好的自己。如果你勇于承担责任，那么你就能在 7 年内变得富有。

本章要点

- 你并非要对所有的事件负责。但你总是要对自己对事件的判断和反应负责。

- 给你责任的人同时也给你了权力。
- 你昨天做出的决定确定你的现在。你今天做出的决定确定你的未来。
- 愿望是我们未来生活的预兆。我们决定我们想要得到些什么，同时也决定了将来会获得些什么。
- 4 种方法拓宽你的可控领域：

  1. 离开你的舒适环境。
  2. 将困难当作成长的机会，并且问自己：我如何创造一种情况，使这个问题不再出现呢？
  3. 提出正确的问题。
  4. 扩大你的个人范畴，同时你的可控领域也得到了拓宽。
- 随着年龄增长，你只会对自己没做过的事情感到后悔。
- 没有责任心地生活就意味着，使自己退化为一个无力的牺牲品，意味着按照别人为你谱写的剧本来生活。
- 如果我们在事件发生时勇于承担责任，那么所有的负面情绪在这一刻都会失去掌控力。
- 只有你自己（绝非任何人），能对你 7 年内收获多少金钱负责。

第三章

100 万欧元是难以企及的奇迹吗

大多数人都高估了自己 1 年内能做到的事情，也低估了自己 10 年内能做到的事情。

——吉姆·罗恩《雄心的力量》

现在有两个选择，一个是在 6 个月之内获得 5 万欧元，另一个是在 7 年之内获得 100 万欧元。如果让你选，你会选哪一种？你更想要 5 万欧元的现金呢，还是“满满一箱的才能”呢？想在短时间内获得更多的金钱，你也许只需要多做些努力就达成了。然而，想在 7 年内获得 100 万欧元，仅仅“多做些努力”肯定是不够的。

发生变化的 5 个层次

变化发生于好几个层次之上，在本书中，我们就来谈一谈这所有的 5 个层次。只有 5 个层次都发生了变化，才会出现真正富有影响力的变化。

第一层次：你意识到自己对现状感到不满意。为了改变现状，你开始采取行动。

举例：你办公桌上的信件堆积如山，于是你决定一直不停地处理信件，直到你能再次辨认出你办公桌面板的颜色。

第二层次：期待的结果没有出现，你意识到，仅仅只是采取行动还远远不够。你采取的行动还必须以解决困难作为目标导向。你问自己：我如何使结果变得更好呢？我如何不这么艰难，而是更灵巧地工作呢？

举例：你加班加点地工作，但到了月底，你挣的钱还是不够用。

新的技巧和策略将会为你带来解决方法。许多人都希望直接从一本专业书中得到解决公式。在后面的章节中，你将学到许多具体的技巧、策略和解决公式。然而，持续的、起决定作用的变化是发生在更高层次上的。

第三层次：学到的技巧对你起到了一定的帮助。但是，如果拿自己跟其他成功人士进行对比，你就觉得他们好像不费吹灰之力就达成了目标。他们拥有富有影响力的、能为他们开启方便之门的朋友。

举例：一个意想不到的困难极大地打击了你。你本来需要将全部时间和精力投入生意中去，但现在你必须首先解决眼前的麻烦。一切都乱七八糟。

这时候找到解决办法就不那么简单了。我们来检视一下你的个人发展。这听起来就不像能快速达成的事情，尤其是那些有影响力的成功人士并不是你运用技巧就能结识的。要想成为你想成为的人，那就需要投入时间了。关于你想成为什么样的人，我有一个小提示：也许是你的榜样，或是你钦佩的人。如果按照目标去塑造生活，你也可以成为像你的榜样一样令人钦佩的人。

第四层次：在你与自身和他人打交道时，仔细思考一下你的世界观。许多人戴着有色眼镜看世界，将美好的世界扭曲成了一个热带丛林，在这个丛林中，每个人都要互相对抗才能生存。

举例：有的人从不相信任何人。他们对别人有过几次失望，从此以后便小心翼翼。他们带着怀疑的目光看待一切事物和一切人，费尽心思地寻找别人设下的“陷阱”。有时候他们自己掉入自己的陷阱，因为他们本性不具有魅力，不讨人喜欢，所以别人对他们敬而远之。

解决方法是：换一副新的眼镜，换新的镜片。世上不存在一个孤立的现实，只存在一个我们感受到的现实。我们戴上一副新的眼镜看世界，世界就完全不同了。著名的管理培训师史蒂芬·柯维讲过下面的故事。

一天，柯维乘火车前去参加一项活动，他要在本次活动中发表演讲。他打算利用火车上的时间来准备演讲稿。突然，一名带着三个孩子的男子来到他的这节车厢。孩子们马上就开始嬉戏打闹。他们又叫又闹，在座位上跳来跳去，其他乘客也不胜其烦。而那名很明显是孩子父亲的男子，什么都没有做。他只是无动于衷地望着窗外。

孩子们越来越顽皮，开始脚踢座椅，甚至用手去扯几个乘客的衣服，最后还揪住了一位女士的头发。父亲仍然没有加以阻止。史蒂芬·柯维终于忍无可忍，他努力镇定下来，决定要插手这件事情。为了使他的话在孩子父亲身上达到良好的效果，他果断地站起身："打扰了，先生，您难道没有看到您的孩子已经打扰到所有乘客了吗？请您告诉他们遵守秩序！"

带着对自己刚才行为和有力要求的自豪，他又坐下了。那位父亲缓缓地从沉思中回过神来，最终将头转向说话者，用低低的声音回答道："是的，是的，我为孩子们的行为感到抱歉。我刚才完全没有注意到。我的妻子——孩子们的母亲，在几个小时之前去世了。我还不知道我以后该怎么生活。我们几个都还没法接受这个事实。我想，我的孩子们是在以他们自己的方式去接受这件事……非常抱歉。"

同黑白眼镜相比，一定也有一些有色眼镜，使我们自己和他人更加幸福。也有一些眼镜，使我们看到的是机会，而非错误和陷阱。

有一副有色眼镜，通过它，你将金钱视作一种能购买武器、引发战争、制造贪欲、使人寂寞的东西。你必须清楚，我们现在只是就这副有色眼镜而言。同样地，我们也完全可以换一个视角来看待金钱。我们可以戴上这样一副眼镜，通过它，你将金钱看作可以修建医院、缓解饥荒、改善医疗条件、延长寿命的一种东西。你能用金钱改善生活条件。金钱可以做许多好事。

你更愿意戴上哪一副眼镜来看待金钱？或者说，戴上哪一副眼镜，你能更幸福？

第五层次：通过改变对自身的认知，我们可以带来巨大的变化。

举例：海因茨·哈特希是一名销售人员。他工作勤奋，掌握了工作所需的所有重要技能。他成熟稳重，同事都喜欢与他共事。他不会戴着“顾客是战利品”的眼镜看待顾客。他向顾客提供有益的建议，享受顾客对他的信任。这虽然很好，但还不够完美。顾客不会主动来找他。最大的区别在于：海因茨·哈特希将自己看作一个什么样的人。如果他将自己视为销售人员，他就必须主动去招揽顾客；如果他将自己看作专家，顾客就会主动来向他咨询。

将自己看作销售人员还是专家，做出不同的决定，所产生的效果是不同的。我们的自我认识，最终会成为自我实现的预言。

我曾经有一个生意伙伴，他总喜欢将自己看作一个牺牲者。他确信没有人上当受骗的次数比他多。因此，他戴上了一副“所有人都是坏人”的眼镜。

毋庸置疑，他真的被同一家公司欺骗了三次，也损失了许多钱财。这也加深了他的信念，他认为自己就是一个吸引骗子的磁石。他觉得自己不适合与这家公司再进行合作，遗憾的是，由于合同的束缚，他无法解约。也许他也不愿意摆脱这家公司，因为这会证实他的牺牲者身份。

我很快就认同了他的消极态度：“舍费尔先生，再小心翼翼都不为过。”之后，我甚至想好了应该如何和他一起制订“防御计划”。然而，在进入一家新公司之前将此作为第一步计划，是不够明智的。首先，他需要的是转变防御的想法。其次，这种做法也与我的自我认知不符：我要在每一次挫折中看到积极的一面。我确信，一切事物都有其积极的一面。

我拍了一下桌子说：“好了，我不会往这个方向去考虑的。我们一起来分析看看，你被欺骗了三次，从中你获得了什么益处吧。”这时，我的同伴涨红了脸，带着一副仿佛快要窒息的样子说道：“益处？你脑子没事吧？”

简短总结一下：我们开始分析，他的失败为他带来了哪些好处，我们也真的找到了好处。那家公司的领导，后来也愿意积极地帮助我们。我们仅仅通过一次谈话，便“赚到”了一大笔钱。

奇迹发生于 5 个层次之上

如果你想快速且不费力地，仅仅通过几个技巧来获得 100 万欧元，那么我要让你失望了。本书不是一盘烧好的菜，你加热一下便可以了，也不是一本你读一读就能变得富有的书。这样行不通，因为深刻的改变只能也必须发生在所有 5 个层次之上。当你全面地考虑到 5 个层次，奇迹便有可能发生。

一天，彼得对耶稣说："主啊，我们有个问题。明天我们必须缴纳税款，但是我们根本没有钱。"耶稣回答说："没有问题。"彼得有点糊涂了："主啊，你还没听懂，我说的是，明天我们必须缴纳税款，但是我们根本没有钱。这就是一个问题。"耶稣再次回答说："没有问题。"

有些人为了解决问题，会主动去做所有必要的事。如果你周围都是这样的人，那真是再好不过了。他们通常起早贪黑。他们尽可能多地阅读专业文章和书籍。为了解决自己的问题，他们尽可能多地向别人咨询，尽可能持久地工作。在这样的人身上，"困难"这个词并不会引发出绝望的情绪。他们也不会悲叹："不，为什么这件事情偏偏要发生在我身上！"

耶稣轻易地就解决了这个问题。他吩咐彼得去捕鱼。因为彼得以前是个渔夫，所以这个想法并非是不合理的。彼得捕捉到的第一条鱼的嘴里衔着一枚钱币，这枚钱币付清了税款。

原理很简单：

第一层次：奇迹之所以发生，是因为我们为此付出了努力。

第二层次：去捕鱼这件事有助于技能的掌握。

第三层次：你应该成为一个人物，一个因为自身能力强大，所以别人主动来接近你的人物。彼得遇到困难马上就去找耶稣，是因为他认为"耶稣肯定有办法"。

第四层次：税款不是问题。政府不是为了榨取你的钱财而存在的。

第五层次：身份，一个“没有问题的人”。

世界上充满了创造过奇迹的人。奇迹对我们来说，就是发生在时间和空间内的不寻常事件，它们与我们惯常的经验是相悖的。你今天无法根据自己的经验想象出来的东西，就是奇迹。许多人将巨大的财富或高薪酬看作奇迹。大多数人能够想象自己的月收入增加 1 倍，但 5 倍甚至 10 倍对他们来说，就是一个奇迹了。

有一段时间，我觉得每月收入 10 000 欧元就是一个奇迹。25 000 欧元是我完全无法想象的。两年半之后，我第一次实现了月入超过 50 000 欧元。回想起来，我并不觉得这件事对我来说有多神奇，因为我知道自己是如何做到的，我也确实为了这一**金钱奇迹**付出了很多艰辛的努力。

当第三、第四和第五层次都发生了变化之后，奇迹才会发生。而对这样的变化，我们可以提前做好准备。

干坐着等待奇迹的发生，是一种愚蠢的行为，就好像一个运动员坐在家里的电视机面前观看奥林匹克运动会，希望自己能获得一枚金牌。我们必须自己引发奇迹。引发奇迹的 4 个法则，被我统称为**持续不断地学习和成长**。

对我来说，**持续不断地学习和成长**已经成为我的人生信条。当我们不再成长，我们就与死亡无异了。成长就是生命。持续不断地学习和成长意味着，感受到自身源源不断的活力，也意味着你能成为最好的自己。

书籍

你有没有注意到过，每一个富人家里都有一间书房？你对此怎么看？这些有钱人都有书房，只是因为他们买得起书吗？还是说你相信，他们之所以这么有钱，是因为在早期就读过很多书？

一位智者曾经说过："一个人是他读过的所有书的总和。"为什么阅读如此重要？一方面，因为语言意味着思想。我们学到的每一个新的词语，都意味着一个新的思想。思想是无价的。另一方面，我们的收入通常也是随着词汇量的扩大而增加的。

今天我们有一个很大的优势：在当今社会，书籍属于生活的一部分。过去并不是这样。假如你在 19 世纪上学，学生群体中只有少部分人拥有自己的书籍。我之所以称其为优势，是因为现在我们只需要花几个小时，就能读到前人花多年时间总结的经验和研究之精髓。我们不必再去犯前人犯过的错误。所有的知识，书上都有记载，我们需要做的只是去寻找。我们必须去发掘这些信息。我们拥有思想和言论自由，不仅如此，我们还发明了印刷术。

拥有这么好的机会，你能做些什么呢？你会阅读关于生活的所有 5 个层次的书籍吗？每周阅读两本书，就意味着一年的阅读量超过 100 本书，7 年就超过 700 本书。你不相信 700 本书能改变你吗？

你肯定会问了：“我怎么可能做到？我根本就没有那么多时间！”你阅读的第一本书，应该是一本关于快速阅读的书，因为时间是无价的。只需要花 3 个小时来进行练习，你的阅读速度就会不断得到提升，轻轻松松地每分钟读 1 000 个单词。也就是说，你能在两个小时之内读完一本 300 页的书。

此外，这里有一个小建议：如果有机会结识有趣的人，一定要好好利用，不要将时间浪费在“闲聊”上。让此人给你推荐两到三本他（她）读过的最好的书。接下来，问他（她）为什么觉得这些书好。这样你就免费获得了一位优秀读者做出的总结。你在短短几分钟之内就会知道，自己是否也应该读一读这本书。在这种方式的帮助下，我最终以书籍的形式接触到了许多宝藏。

你的个人成功日记本

日记本是空白的书籍，是你可以自己写作的书籍，专属于你个人。每个人都应该每天写自己的**成功日记**，记录下当天所有的成功事件：你获得的每一次夸奖和每一次认可，无论是你遵守纪律，完成一项任务，还是你使某人快乐。

遗憾的是，我们的大脑并非一直都是可信的。同成功相比，我们更轻易地记住错误和失败，它们在我们大脑中留存的时间是成功的 11 倍。因此，我们在自己心目中的形象总体上会比实际差很多。而且我们周围的环境和我们所受到的教育也宣扬这种消极倾向。因此，我们从孩提时代一直到 12 岁，每听到一次“是”，就会听到 17 次“否”。至少有 80% 的媒体报道都是负面新闻。因此，我们应该反其道而行之，或者至少应该意识到自己正确的形象，这是至关重要的。

我们通常可以看到伟大人物保留下来的日记。有趣的是，这些人物在很早时便开始写日记了，早在他们有所成就或成名之前。他们当时也没法预料到自己日后会成名。每天写日记是否有助于他们日后取得成功？无论如何，记日记延长了他们的积极想法的寿命。

将自己看作一个足够重要的人物，开始记录关于自己的日记。

开始一天的工作之前，我会在我的成功日记本中记录，并继续系统地建立我的信心。（在第七章中，你将会了解到，为什么你的薪水受你的自信心影响。）

随着时间的推移，你还需要一本思想日记本（记录你的所有创意）、一本关系日记本（记录所有使你快乐的关系）、一本知识日记本（记录你从自己犯过的错误中学到的所有东西，使你以后不会再重蹈覆辙），以及其他内容的日记本……

自信并非偶然的事。我们的自信程度永远都是不够的。我们应该止步不前还是继续前进，往往都跟我们是否具有继续前进的自信心相关。

我们看到过很多这样的事情：**信心不足的人为了保护自己不敢承担风险。然而，不敢承担风险的人，将永远无所作为，只会一事无成、一无所有。**

自信总是与众不同的。一本成功日记，比起其他任何东西，能更系统、更有效地帮你建立起自信。

请现在就好好回想一下，你现在或者以前都取得了哪些成功？你完成了什么事情？你帮助了谁？谁褒奖过你？

____

____

如果你现在只能回想出很少的东西，你的自信心就会不足。你现在写下的内容越少，就越需要尽快开始写你的成功日记。

即使你现在已经自信心爆棚，你成长路上的下一个任务仍然在等着你。你是否能完成这一任务，将由你的自信心来决定。如果想知道这一说法的可信程度，你应该向自己提出以下几个问题：

如果你清楚地知道你不会失败，你将会向着哪个目标奋斗（总统、作家、一级方程式赛车世界冠军、雨林救生员、加拿大大农场主、杰出人物的合作伙伴……）？

____

____

不方便或是没有兴趣，常常让我们不愿采取下一个**决定性的**步骤。然而，不方便只是一种托词。实际上，是我们不相信自己能取得成功。

能量贴士

通过每天写成功日记来建立自己的自信心。

• 我们的自信心决定了我们是否敢于冒险。

• 不去冒险便不可能获得成长。

• 我们的思想意识、我们受到的教育、我们周围的环境，总体来看不利于我们自信心的培育。健全的自我评估意味着自信。成功日记会使你意识到自己有多优秀。

• 写日记时，你学会了去注意自己的长处。

• 在一段时间之后，你就会开始发现自己的长处并想：这件事我可以把它写进我的成功日记里。

• 我们的期望决定我们会获得什么。我们的自信又决定我们的期望。

讲座

同书籍相比，讲座还有另外几个优势：我们能在同一时间听到、看到、感受到并且经历许多东西。我们的感官接受的刺激越多，获得的学习效果就越好。此外，我们还能和主讲人对话。我发现，甚至在大型讲座上，结识主讲人，并和他建立起友好关系也是可能的。

此外，讲座还提供一种可能性，它使你能够完全从日常事务中脱离出来，让你远距离地观察自己的生活。它使我们能更轻易地做到所谓的“侧向思维”，也就是说，我们能够以一种开放的思维对事物进行多角度的思考。有时候，我们也会更加重视自己的直觉。

我们能在讲座上遇到其他志同道合的学员，集中学习的氛围会得到增强。这种相识，终将会发展成为有价值的人际关系。

好的讲座都价格不菲，这就阻碍了许多人去报名参加。很早的时候，我便做了一个决定：一年至少去参加 4 次讲座。那时的我也没有钱，甚至承担不起费用。但是我知道，我更承担不起的是不去提升自己的后果。**我们为教育所付出的代价，与我们为无知愚昧所付出的代价是无法相比的**。从那时起，再高昂的费用都不能阻止我。我报名参加过 15 000 欧元的讲座。每次我都能在参加公开课的两个月内获得超过学费一倍的**额外**收入。

对我们欧洲人来说难以置信的事情，在美国是理所当然的。美国企业每年平均为员工放假 40 天，送他们去参加讲座。员工在这 40 天里不用工作，但公司照付工资。而这样做被证明是值得的。在日本，这样的时间更长。

1997 年，美国的培训市场就达到了 3 500 亿美元的营业额（是个人计算机市场营业额的两倍）！我们欧洲人必须注意，不能被这样的发展速度甩在后面。

榜样

从出生那一刻起，我们就通过模仿来进行学习。我们受周围环境影响的程度，比我们今天愿意承认的还要深。没有任何一本书或是任何一次学习，能够像我们周围的人一样如此强烈地影响和塑造我们。

近朱者赤，近墨者黑。尽管如此，我们仍然低估了周围人对我们的影响，因为我们喜欢把自己定义为独立的人。我的上一任教练说过这样一句话："和狗一起睡觉的人，注定是和跳蚤一起长大的。"

这个话题如此难以让人接受，如此重要，同时得出的结果也是如此冷酷无情，所以我将专门用一章来进行讲解——第十三章"教练和专家网络"。

要创造奇迹，你需要勇气

在本章的开头，你曾读到：**大多数人都高估了自己 1 年内能做到的事情，也低估了自己 10 年内能做到的事情**。

要施加巨大的影响力，就需要所有 5 个层次都发生深刻的改变。这需要时间。这样的成长可能不会立竿见影，但之后某个时刻会突然爆发出来。

竹子完美地说明了这一点。一位种植竹子的庄园主，将竹子幼苗种进土里并用土盖住。竹子幼苗要在土里沉睡 4 年之久。每天清晨，庄园主都来浇灌它，在第四年年末的时候，沉睡的竹子终于破土而出，之后竹子便在 90 天之内就长到了大约 20 米高！

在这 4 年时间里，庄园主根本不确定竹子是否还活着。但是他有信心，而且不离不弃。一位目光远大的思想家也需要这样的信念。这其中的艺术便是，不要让自己丧失勇气。没有任何其他事情能够给予你更多的勇气，除了同时在 5 个层次去进行努力。

没有哪个奇迹的发生不需要冒险

为了能在 7 年之内积累大笔财富，你需要承担风险。你觉得风险是什么意思？“当你不害怕的时候，斗牛对你来说算不上什么，”一位著名的斗牛士这样说过，“当你感到害怕，而不去斗牛，那也没有任何意义。但当你害怕斗牛，而仍然去斗牛，你就干了一件有意义的事。”

一位十分富有的人曾经这样说过：“所有有价值的东西，在最开始时都可以把我吓死。”如果你在迈出新一步之前不感到害怕，这就意味着，这一步对你而言还不够。

在第一章中我们讨论过“成就大事业”。什么是成就大事业？也许你会做一些事情，这些事情对你来说轻而易举，但别人对你钦佩有加。也有可能情况正好相反：你千辛万苦才克服自己的恐惧，而这样的事对别人来说却不值一提。**因此，我们不应该以他人来衡量自己，而应该与自己做纵向对比。**接下来，请读一读下面的句子，仔细思考自己是否乐意承担风险。

• 我们常常忘记，顺着我们目前为止走过的道路继续前行，同样有风险。这条路给我们一种熟悉感，但也不会更安全。

• 生活就是一场比赛。不去冒险的人不可能获得成功。

• 在这个星球上，没有“必胜”，只有“机会”。

• 立即采取行动！因为你永远不能为成功做好完美的准备。

• 世上唯一从来不犯错的人，是从来不做任何事的人。（西奥多·罗斯福）

• 不确定性带来的痛苦，比确定的痛苦要强烈得多。

• 每一次行动计划都有风险，都需要付出代价。但比起无所事事的舒适，它们的长期风险和付出的代价要小得多。（约翰·费茨杰拉德·肯尼迪）

• 如果你害怕失去，你永远都不会获得。

• 去冒险吧，你不可能从地面摔下去的。（丹尼尔·S.佩纳）

想让某些事物为了我们而改变，我们自己就必须先做出改变。每一次改变对我们来说都是一次冒险，因为我们需要以某种形式离开自己熟知的环境。成长发生于我们的舒适区域之外。因此，我的一位教练总是说："离开你的舒适区域！在每次解决一个问题之后，都应该马上以一个新的更大的问题去取代它。"

如何在 20 年内积累大笔财富，之后仅靠利息就能衣食无忧？在本书中，也能发现这样一个针对性的计划。然而，你也能在 7 年之内实现这一计划。奇迹总会发生在有变化的地方。但你必须准备好，离开你的舒适区域，去冒险。同时你也需要好运。

你真的需要好运吗

你需要非常多的好运。但什么才是好运？让我先向你解释一下什么不是好运。好运不是一种不通过努力，光靠期待就可以获得的东西。

法兰克·辛纳屈曾经一夜成名。一次电视直播使他得到了全国观众的喜爱。据说，针对"他的运气真是太好了"这句话，他是这样回答的："首先，我并非不劳而获；其次，我用了 10 年的时间来准备这一个晚上。"

高尔夫职业运动员伯纳德·兰格曾经有一次将球打到了树上，球没有掉下来，而是卡在了树杈上。看来这场比赛是他输了。这时，兰格爬上了树，他坐在树枝上，将球打了出来。球刚好落在了草地的中间。兰格将球打进了洞里，赢了这场比赛。一名记者问他："兰格先生，你真是极为走运啊，对吗？"伯纳德·兰格回答道："是啊，我也发现了，我练习得越多，我的运气就越好。"

根据研究结果，惊人的好运通常只是多年准备的结果。

好运是如何产生的

总有人在金钱上行好运，这样的例子数不胜数。然而，当你把这类好运拿到放大镜下仔细观察，就会发现他们都做过相似的准备。通常情况下，这些人都学习过如何储蓄。他们手中握有一定量的金钱，也学习了应如何抓住机会。

好运都是以机会的形式来敲击人们的房门。然而，有些人完全听不见这样的敲门声，因为他们识别不出这些机会。为了付清账单而四处奔波的人，无法腾出一个清醒的脑袋来识别出机会。

还有些人虽然能够识别出机会，却做不了决定，只想把事情往后推。好机会很快就从身边溜走了，不会等待慢吞吞的人，我们必须马上采取行动。

只有少数的人能够识别出机会，拥有必要的资本，并且采取了行动，他们就拥有了好运。积极寻找机会的人更少，他们才是拥有极大好运的人。

好运的组成部分：

- 储存资本；
- 识别机会；
- 果断地做出决定并采取行动。

一个拥有极大好运的人，通常是自己做好准备并且主动冒险的人。我们只看到了玫瑰花，却没看到种植玫瑰的铲子。我们只看到别人走好运，却没看到别人为好运做出的准备。也没看到别人经历过的失败。你看到“培植好运菇”的准备如此系统化，肯定会大吃一惊。

我们倾向于将自己无法理解的事物视为奇迹或好运。然而你也看到了，奇迹是可以“创造”的。就连好运也只是多年准备的结果。

最终还是在于我们的态度，态度决定我们是否将无法解释的奇迹定义为一种超自然的现象，决定我们是否将坏运气当作理由。如果答案是肯定的话，那么你就不再负有责任，你的坏运气也会成为一个很好的借口。然而，如果你主动承担责任，那么你的好运气就是可以期待的。每个人都会得到属于自己的机会。

根本问题是：我们是否愿意对所有事情（包括奇迹和好运）承担责任？如果愿意承担责任，你将为自己创造的奇迹感到惊讶。如果拒绝承担责任，你就会声称“坏运气已经发生了”（但谁又能与之对抗呢）。如果勇敢地承担责任，那么好运气就在你的安排计划之中。

创造奇迹容易吗

阅读下一章，你就会确信，没有什么事情是无法理解的。事实确实是这样：变得富裕**并非难事**。要理解并遵守个人纪律也并非难事。

你今天能不能做到，坐着阅读 1 小时，之后再花 5 分钟来写你的成功日记？你能不能做到每个季度去参加 1 次讲座？你能不能和更优秀的人做朋友？当然可以，这些都容易理解。

尽管如此，这并不**容易**。因为就算是很简单的事情，如果需要坚持不断地做下去，也不容易。自律并且改变以往的习惯并不容易。实际上，我们甚至根本做不到这些事情。我们计划了某件事情，之后并不去执行，这样的事情发生的频率有多高呢？

这个问题的答案你将会在第五章中找到。你会发现，自律和新的习惯总是伴随新的信条而开始的。没有新的信条，我们不会改变自己的习惯；但当树立了新的信条，那么新的习惯就不再是问题了。

机会不会将时间浪费在没有准备的人身上。每一次的准备都开始于人们内心态度的转变。你是不是真的相信，自己是负有责任的？愿意承担所有的责任，对奇迹的发生是至关重要的。承担责任的人，在行动中进展神速。

本章要点

- 大多数人都高估了自己 1 年内能做到的事情，也低估了自己 10 年内能做到的事情。
- 深刻的变化发生于 5 个层次之上：采取行动、运用技巧、个人发展、世界观和自我认知。
- 你或者在机遇中看见风险，或者在风险中看到机遇。
- 比获得 100 万欧元更加令人满意的是，成为一名百万富翁，后者是能创造奇迹的人。
- 信心不足的人不敢冒险，他们也以此来保护自己。
- 创造奇迹需要承担风险。
- 如果你在迈出新一步之前不感到害怕，这就意味着，这一步对你而言还不够。
- 惊人的好运是连续多年准备所产生的结果。
- 我们对自己能获得多少好运负责，也对自己生命中能出现多少奇迹负责。

第四章

为什么没有更多的人变得富有

比赛是消极防御还是主动进攻，两者之间有着天壤之别。

——丹尼尔·S. 佩纳《论融资》

在德国，成千上万的人在25岁时开始自己的职业生涯。你也是其中之一。你觉得你在65岁时成为百万富翁的概率有多高？我们来看一看德国从业者的税前年收入：

87.30%的从业者的税前年收入低于25 000欧元；

10.40%的从业者的税前年收入位于25 000欧元到50 000欧元之间；

1.60%的从业者的税前年收入位于50 000欧元到100 000欧元之间；

0.50%的从业者的税前年收入位于100 000欧元到250 000欧元之间；

0.10% 的从业者的税前年收入位于 250 000 欧元到 500 000 欧元之间；

0.05% 的从业者的税前年收入高于 500 000 欧元。

学习本书中描述的致富的基本原则很简单。那为什么没有更多的人变得富有？因为保持贫穷状态同样简单。每天写成功日记不难，但每天不写也很容易做到。每个月将 10% 的收入用于储蓄不难，但每个月把所有收入全都花光也是很容易做到的。多挣一点钱很容易，但少挣一点钱也同样容易。不同的选择差异，是我们的信念造成的。

想一想度假吧。有的人喜欢平躺着，懒洋洋地晒太阳；另一些人却一定要运动，玩几个小时的沙滩排球。双方都认为，自己的方式才是最佳的度假方式，做出选择也很简单。

没钱的人都有一些共性，他们坚持的一些原则使他们无法积累财富。

穷人对财富没有明确定义

你觉得财富意味着什么？你当前能给出一个明确的数字定义它吗？**生活就像一家邮购商店。寄来我们订购的东西。**“在某一时刻获得一笔钱”这个说法不够准确。你不会写信给邮购商店：“请给我寄点好东西。”你需要一个明确的**数字**，来表达对你来说多少钱代表财富。确定一下，你想在什么时候获得多少钱：

在________年内，我将获得________欧元。

只要你还没确定这个数字，生活就无法将这笔钱邮寄给你。一个小提示：你在之后还可以提高这个数字，但是现在请先写下一个数字。

要清晰地定义财富需要三个条件：你必须知道明确的数字，写下这个数字，并且将它转换成画面。

想象一下床，你眼前是想象出了“床”这个字，还是一张床的画面？这张床是干净整洁的，还是乱七八糟的？是空的，还是上面躺着一个人？我们潜意识里反映出来的并不是数字或者词语，而是画面。想要真正地积累财富，就应该潜意识采取同步行动。它能让我们自动地去完成必要的事情。

你是否向潜意识呈现所需的画面？你是否曾经将一块表、一辆汽车或是一座房子的图片裁剪下来随身携带？你每看一次，图片就会更加深刻地印在你的脑海里。在我的生活中，这样的方法屡屡奏效。

我认为，如果不这么做，代价是我们无法承担事情。我们的大脑需要这样的“地图”来引导自己。如果不能让自己置身于这些过度刺激之中，那我们也不必惊讶于自己一事无成。

我认识一位年轻有为的男士，他在 6 年内从一个模具工成为公司高层。

他对我说："我获得了一张照片，照片上的人是我们公司年薪超百万的精英。我想成为其中一员。我将其中一人的头部裁剪下来，将我的照片贴上去。我每天看这张照片很多次，然后闭上眼睛，想象成为这个成功人士圈中一员的情景：他们对我说什么话，我去哪里旅行，我吃什么、喝什么，这是什么感觉。大约一年之后我确定了，我要实现这个梦想，我渴望实现它，这释放出的能量比我想象的还要更大。只要我将精力集中于这个目标，恐惧和怀疑就无法控制我。在我达到目标之前，这张照片在我心目中早已成为事实。"

他在 6 年之内就达到了自己的目标。而**那位被他剪掉头像的人辞职了**。

我想提醒你：我现在所拥有的，正是我 10 年前梦想拥有的。尽管在当时这对我就是一个奇迹。我现在拥有的财富，并不比我当时渴望拥有的少。我就是知道，我能成功。然而，我拥有的财富，也没有超出我当时的想象。

能量贴士

明确你想要什么，编制一本与此相关的梦想图册：

• 制作一本图册，将会成为你未来生活一部分的东西的图片贴上去。

• 思考你想做什么，你想拥有什么，你想成为什么样的人。

•请选取那些能够打动你的图片。

•尽可能频繁地翻看你的梦想图册。

•之后将眼睛闭上一会儿，想象如果一切成真，你能看到、听到、感觉到、闻到、尝到什么。

穷人的财富目标摇摆不定

每当自我感觉良好时，我们都倾向于提高自己的目标；当处于低潮期时，我们又都喜欢降低自己的目标。然而，我们的潜意识喜欢稳定而持续的运动。因此，你应该尽可能少地去改变自己的长远目标。目标越远大，你需要做的改动就越少。也许你已经提过这个问题了：我应该为自己制定小而实际的目标呢，还是向着一个空中楼阁式的大目标而努力呢？我个人觉得大目标比小目标更易于实现。我接下来向你解释原因。

你为自己设立了一个小的目标，一旦你和目标之间出现障碍，你的视线就会被挡住。

你朝着目标方向看过去，看到的全都是问题。你完全看

不见目标。**一旦我们无法将目光集中于目标，怀疑和恐惧就产生了**。你知道许多人为了避免被问题阻挡，会怎么做吗？他们会为自己寻找一个新的目标。

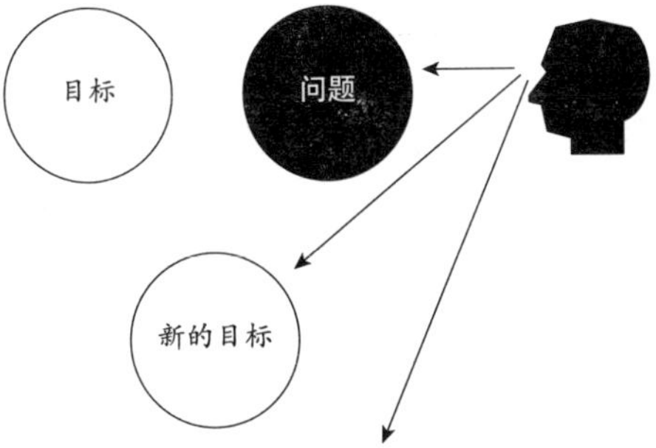

当然，他们和新目标之间也会在某个时候出现问题。为了回避问题，他们也许会再次寻找一个新的目标。所以，你现在要设立的并非一个小目标，而是一个大目标。在这种情况下，问题的出现就无法完全阻挡你看见目标的视线。你清楚自己为了什么而努力。

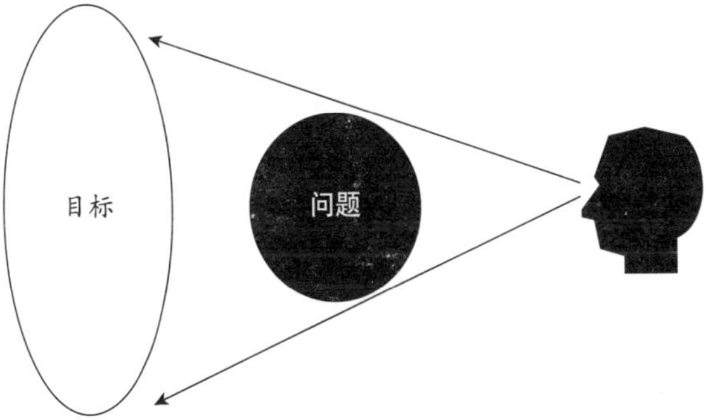

大目标更有益处，还有一个原因：大目标提升我们对机会

的感知能力。许多人在某种程度上都倾向于对于己有益的事物予以关注。而大目标对我们而言就是有益处的，让我们对更多的事物感兴趣，去发现更多的机会，结识更多新的朋友。

积累了巨大财富的人，大都在早期就为自己设立了远大的目标。问题总是与目标形成一定比例的。目标较大，问题**相对来说就较小**，即使它们可能看起来无法克服。

以 CNN 的创办者特德·特纳为例。他年轻的时候，从父亲身上学到了一个准则：**为自己设定自己有生之年无法实现的目标**。他决定建立全世界最大的广播电视网。你能想象在这条追逐梦想的道路上出现了多少障碍吗？特德·特纳说："出现这些问题无所谓，同我的目标相比，它们都不算大。所以我从来没有因为问题而迷失过方向，相反，我一直都向着目标在前行。"

穷人从不将财富看成绝对必需品

想象一下，你穿过一个森林，来到一个峡谷边。你看到在大约 5 米深的地方有一个钱包，几张 10 欧元的现金显露在外。你开始小心翼翼地爬进峡谷里。突然，你失足从一块岩石上掉了下去，幸运地稳稳抓住了一根树枝。也许你觉得这次冒险会使你丧命，于是就离开了。

如果峡谷里躺着的不是钱包，而是一个小女孩，情况又会有何改变呢？想象一下，她受伤了，在伤心地哭泣。见此情景，你的脑海中马上就会出现一个新的问题。你不再问自己“我应不应该下去”，你当机立断，不会听任一个受伤的小女孩就那样躺在那里。你脑海中的新问题就出现了：“我怎样才能救出那个孩子呢？”拯救这个小女孩对你来说，就成了一件绝对必要的事。

我们总是一再看到，成功人士故意将自己引入一种绝对必要的情境之中。他们将自己的义务展现在众人面前。他们将自己引向一种情境，让周围所有人都知道：“我要登上这座山，你只会看到我在山峰上招手，或是看到我的尸体躺在谷底。”

积累了大量财富的人，并非遵守纪律的典范，他们只是做了他们认为必须做的事情。他们没有其他选择，因为无法忍受穷困潦倒或是庸庸碌碌。

你有能力使你的目标成为绝对必需品。制作一本梦想图册并经常翻阅，闭上眼睛想象这样生活是什么感觉。每三个月做一次。最终你将会发现，你的潜意识开始接受一些重要的想法：**不实现这些目标你将无法幸福**。**一成不变的生活对你来说是巨大的痛苦**。**你一定要实现自己的目标**。然后，你便可以将自己要变得富裕的计划展现在众人面前。你树立目标时如此声势浩大，以至于所有人都在期待你去实现目标。你如此用力地宣布你的目标，以至于一旦没有实现目标，你在余生之中都会遭到周围人的嘲笑。你没有了回头路。这看起来很残酷。也许，你自己也不确定你是否绝对需要财富。

在下一章中，你将会弄清这个问题。一劳永逸。

穷人做不到坚持到底

温斯顿·丘吉尔已踏入耄耋之年时，被出生地附近的一所大学邀请去做一次演讲。这在英格兰是大事件。为了见到这位名扬四海的英国伟人，人们不远万里赶过来。有人听说，他打算做一次自己人生中最精彩的演讲，将自己漫长岁月中总结的智慧用语言表达出来。

上千人挤在这所大学最大的礼堂里，神情激动地等待这位伟人以及他精彩的演讲。丘吉尔步入礼堂，走向麦克风，他说："绝不、绝不、绝不、绝不放弃。"

然后，他便坐下了。演讲结束了。他没有再起身。听众慢慢开始明白：丘吉尔不打算再说别的了，因为他认为没有别的比他刚才说的更重要。绝不放弃就是他全部的信仰。

既然他的演讲如此简明扼要，为什么他不直接说"**绝不放弃**"呢？为什么他重复了四遍"**绝不**"呢？丘吉尔太了解人性了。人类都倾向于为自己设立一个极限。

要找到一个放弃的理由轻而易举。**如果我们为自己设立极限，那么我们就会去达到这个极限**。如果为自己设立一个目标，就不要允许任何阻碍你前进的问题存在。完全不能让其存在。如果存在某个阻碍你的问题，你就会在某个时刻受到阻碍。

这时，更好的方法便是，节约能量，根本就不去开始。

德国战机轰炸伦敦时，丘吉尔的顾问劝说他放弃抵抗。他们围绕在他身边，试图说服他："你难道没看到吗？每一次轰炸都造成了许多英国人死亡。快投降吧，胜利终归是属于德国人的。我们的国人现在只是在做无谓的流血牺牲，而你需要对此负责。因为你的顽固，你就眼睁睁看着国人遭受残暴的对待。你需要理智一些……"据说，丘吉尔每个夜晚都对着德军轰炸机挥舞着拳头，大声喊道："你们赢不了我。我绝不放弃，绝不，绝不，绝不！"

所有的朋友和劝告者都回避你，这样一种情况可以为许多人设立一个极限。曾经帮助过你、鼓励你的人都与你保持距离，他们想让你有一种负罪感，或者宣称你疯了。

马丁·路德的"极限"不是那个不接受他还迫害他的天主教会，而是他那些志同道合的朋友，他们想打击他，让他产生自我怀疑："如果是你错了呢？你对多少人的不幸负有责任？你要去冒这个险，你没有把握。你必须对所有这些人永恒的痛苦负责……"

下定决心之前，你应该首先弄清楚，你是否真正地想要实现这个目标。可能你实现了目标，结果最终只是失望地发现，这个目标满足不了你。就像许多梦想住在带花园的大房子里的人一样，当最终真的住进这样一所房子时，却发现工作量太大了：要不断地修剪草坪、清理、修缮、维护……也许住在一套简洁的公寓里感觉更快乐。

你想知道你的目标是否能使你更快乐、更满足吗？也许你历尽千辛万苦实现了目标，最终却发现，自己想要的其实是别的东西。但如果你完全确定，这无疑会为你提供更多的力量和动力。使用以下方法便能检验自己，方法很简单：

请写下一个大目标（房子、车子、工作、公司、合作伙伴、旅行……），尽可能详尽地对你的目标进行描述。不要漏掉任何一个细节。

____

____

现在闭上眼睛，想象一下，如果你拥有房子、车子、工作、公司……会是什么样。想象一天的典型日程：你感觉如何？你需要做些什么？哪些事情和活动是必要的？可能会出现哪些困难？

如果你在这个小练习中，能坚持 10 分钟仍感觉十分快乐，你就基本能确定你达成目标后会感到满足。毕竟，绝不放弃更有优势。

穷人不去承担责任

如果将精力用来提问“为什么”，那我们就会找到借口。回顾过去是因为无力改变过去的事实。而提问“怎么做”的人，则将精力放在寻找解决方法上。他们寻找的是现在和将来会走的道路。

当某事无法正常运行时，我们总是负有责任的。我们永远不可能将生活赋予自己的责任，推卸给别人——不可能推卸给医生、律师和税务顾问。将专家看作在某些时刻在这些领域可以帮助我们的专业人士，是有益的，但责任还是在我们自己身上。我们必须掌握控制权，并妥当利用为我们服务的专业人士。**永远不要让别人替你承担责任的情况出现**。你是否健康，你是否赢得诉讼，你对自己的税务情况是否满意，这都是你自己的责任。专业人士能对你进行帮助，但是你才是真正的老板。

奇怪的是，许多人虽然为承担责任准备得越来越充分，不再将自己的失败归咎于某个客观环境因素，但是他们仍然不对自己的成功承担责任。

请回答两个简单的问题：

• 假如你“全力以赴”，那么你在接下来 12 个月中最多能赚到多少钱？

__________欧元。

• 你是如何计算出这一数字的？

____

____

你怎么看下面这个计算方式：选取你有史以来收入最高

的那个月，**在此基础上乘以** 12。然后你达到这个收入之后，再让每个月收入提高 10%。面对这样一种计算方式，你是不是有一种不好的感觉，觉得这不现实？

接下来便到了你对自己的成功负全部责任的时刻了。你的成功不取决于有利的环境，不取决于某个特殊的月份，不取决于你的运气，不取决于他人，不取决于星座运势。你的成功仅仅取决于你个人，你对此负有责任。你可以随时重复你的成功，你可以创造出成功所需的客观条件。你既然成功过一次，就可以再次取得成功。

你如果认为成功是不可重复的，就失去了提升自我价值的机会。因此，在你取得成功之后，快速地再次取得成功也是相当重要的。这样一来，你也证明了自己才是成功的缔造者，而非某些客观因素。相信自己是十分优秀的，为你的最高目标去负责吧！

穷人不准备付出 110% 的努力

爱找借口的人总会找到借口。这里总结两个最危险的借口。它们之所以如此危险，是因为将自己伪装成一种人生态度。实际上，它们只是生活的谎言或借口：

- “将来我也会为现在拥有的一切感到满足。”
- “假如我能全力以赴，我就会成为最优秀的。”

这两句话的背后，通常都隐藏着自我欺骗、恐惧和缺乏自我价值感。

满足感是一个崇高的目标。为了得到幸福和满足，我们甘愿做一切事情。但是使我们感到幸福的是什么呢？答案是：我们按照自己的本性去生活。成长和成功都深深地植根于人类的本性，而我们最终是在成长和发展中获得满足感的。

你是否有过感到极其自豪的时刻？你是否有过让你感受到巨大满足感的成就？你实现这一成就，是否正源于如果不改变，自己就会感到不满意？

我们对于当前的成就存有感激之情，这是美德。但对于当前拥有的东西，将来也感到满足，这就违背了人类不断成长的需求。一棵树，只要活着，就会不断生长。一个人，如果停止生长，就意味着死去。我们全力以赴时，能够获得最大的满足感。

多少天赋异禀的人在止步不前的人生中总是拿借口当挡箭牌："如果我足够努力，我也能变得相当优秀。"为什么说这是找借口呢？想想看，如果这些人全力以赴了，但仍然没有取得成功怎么办？他们害怕的也正是这个。**无论是谁，将最后一个可能的借口都摒弃掉，必将能取得成功**。他无法再躲在假象之下。只有付出 110% 的努力，你才对自己的生活承担了全部责任。这时的你，不想找也找不到任何借口了。你必须取得成功，你终将取得成功。

付出 110% 的努力意味着成长。假设你想锻炼自己的肌肉，你把铁块举起 10 次，这 10 次努力中的哪一次最重要呢？你的肌肉在哪一时刻成长得最多呢？获得举重金牌最多的保加利亚人说：在**第十一次**。许多人将 100% 看作自己的目标，但是只做到 80%。如果你将 110% 看作自己的目标，那么做到 100% 对你来说，就相对轻松一些。很快，你便会发现，100% 只是相对而言的。

穷人缺少一个好的教练

积累财富最重要的一块基石，便是一位好的教练。一个远比你成功，能够庇护你，促进你发展的人物。我每一次同富有的人谈完话，都会发现，他们都有一个导师和几个关系密切的学习榜样。

我认识的所有富人都具备强大的自信心。他们的自信十分强烈，以至于他们很难去承认错误。他们设定好自己的程序，即使在对自身产生怀疑时，也能保持良好的状态。在感知自身对成功的责任方面，他们丝毫没有任何困难。恰巧相反，为了使自己保持更好的状态，他们喜欢在内心中扭转对某些事情的理解。

然而，他们都喜欢将荣誉颁给一个人，这个人便是教练。他们慷慨地承认，他们取得的成功在 80% 或更大程度上要归功于教练。甚至包括罗斯 · 佩罗和理查德 · 布兰森。

以顶尖运动员为例吧，为什么他们都有教练呢？为什么他们在摘得世界精英桂冠之后还是需要一个教练呢？原因是：**只有教练才可能根据自身经验，在尽可能短的时间内将运动员的才能激发出来**。这样一来，就不需要走弯路了，可以学习并利用教练的经验。

假设你刚刚结束了一场为期 4 年的大学生活，取得林学专业学位。现在你要移民加拿大，你既不了解那里的森林状况，也不清楚那里动物的习性和植物的特性。假设现在有人提供给你一份占地面积为 5 000 公顷山林的林区管理员工作，你可能都不清楚自己到底应该怎么开始这份工作……

接下来，假设你发现这里还有一位在此生活了 67 年的老林区管理员，灰胡子先生，他熟悉这里的每一条小路、每一种动物和植物。他知道哪里有流沙，哪里有雪崩的危险，知道所有的蛇巢，知道哪些害虫最多。如果跟他学习半年，是不是极为有用？想一想，你在 6 个月内学到了 67 年的经验！

此外，一位好的教练也能长期对你施加压力，促使你付出 110% 的努力。因为我们做的任何事情，都是为了避免痛苦，获得快乐。然而两者之中，我们更渴望的是：避免痛苦。假设你正在房间里做一件你能想象出来的最美妙的事情，突然发生了火灾，你想要避免痛苦、逃离火海的愿望，比你继续待在那里做使你快乐的事情的愿望，要强烈得多。一位好的教练清楚痛苦和快乐之间的关系，能够指导自己的学生做出最佳选择。他知道，痛苦虽然是最强大的动力，但过多的痛苦会适得其反。

而且，教练可以比你自己更客观地监督评价你的进步。如果你偏离了自己的计划，失望的不仅仅是你自己，还有你的教练。你会屈服于更大的压力，教练对你的监管便是更大的压力。因此，以成功为目标的人对外在压力的态度不是回避，而是欢迎。

与你对自身的期待相比，教练对你的期待更大一些。期待就像指南针，为我们确定人生的方向。教练为你设立好标杆之后，你必须依此更加努力。

能量贴士

为自己寻找一个教练。

- 财务教练的资产至少应该是你的10倍。
- 他能帮助你避免走弯路。
- 他能促进你个人才能的发展，避免你浪费时间。
- 教练能够最大化地激发你的积极性，在他认为没有风险时，他也会对你适当地施加“痛苦”。
- 他能够督促你进步，检查你的成绩。
- 他通常都推动你实现更高的目标，而这些目标在你个人看来是实现不了的。

你想保证自己让这些建议在实践中得以执行吗？“教练法则”就是保证其实现的最佳工具。任何帮助都无法像一个好教练那样效果之大、见效之快、成功之多。自然而然，这里又会有问题了：什么样的教练才是一个好教练呢？你去哪里找到他呢？你怎么才能说服他，让他做你的教练呢？在接受训练时，你需要遵守哪些规则？这些问题非常重要，所以我在第十三章中做了详细说明。

穷人只关注自己的劣势

请写下有助于你变得富有的特点和阻碍你变得富有的特点。你的优势和劣势分别是什么？

优势	劣势

你注意到你是从哪一栏开始填写的吗？**最先关注自身劣势的人是不会得到财富的**。这并不意味着，你可以直接忽视你的劣势。这里我们只涉及你填写自身优势和劣势的先后顺序，这对你变得富有很重要。

也许你也听说过，一个人只有在消除自身劣势之后才能获得成功。但这在今天不再是主流看法了。今天我们知道，消除劣势与获得财富之间并没有直接关系。同自身劣势相抗争的人会花费大量的精力，这样一来，他最终也就只是一个平庸之人。

你的优势使你富有

能使你变得富有的东西便是你的优势。以网球为例，史蒂芬·格拉芙有一个独特的优势，她特别擅长正手击球。只要有机会，她就会使出自己的优势强项。她没有花费大量精力去锻炼自己相对较弱的反手击球，而是锻炼自己跑到球的另一边，使用正手。

她的对手试着尽可能地攻击她的反手，因此她的训练也做了调整，去锻炼自己较弱的反手击球，结果是，格拉芙失去了对网球的兴趣。因为在这种情况下，她会更多地将精力投入消极防御上，而不是投入主动进攻，赢得比赛上。

比赛是消极防御还是主动进攻，两者之间有着天壤之别。

多少人失去了生活的乐趣和变得富有的机会，就是因为他们极力想消除自身的劣势。这在通常意义上，是一场毫无胜算的斗争，它只会破坏我们的生活乐趣。你不能忽略你的劣势，但你也不应该同劣势相抗争，因为这并不能使你变得富有。**因此，你应该为你的劣势找到一个正确的解决方案**。如果你到今天为止，还没有成为一个好的会计，那么你的财务知识也许再也不可能成为你的一个优势了。你的解决方案就是，接受这一现实，雇用一名会计。

对于你的优势，你也不应该顺其自然。你需要一个教练系统性地指导、训练你的能力，直到你的优势更加强大。优势能为你带来金钱。所以，**去为你的劣势找到解决方案，去为你的优势找一个教练吧！**

变得富有的代价有多大

关于代价，我们总能听到很多恐怖故事。从健康受损到家庭破裂，再到成为一个财迷怪物，没有任何一个问题不是追逐财富造成的。

然而，你的身体是否健康，家庭是否和睦，并不与追逐财富具有直接关系，与此相关的是你对待健康、对待家庭的态度。如果硬要说金钱对其有影响，那么没有钱对身体的伤害更大。与生活富裕相比，长期的财务危机更可能给家庭生活蒙上一层阴影。与坐拥金山相比，家徒四壁更可能使人去犯罪。

变得富裕相对来说也不难，本书对致富的具体步骤进行了简明易懂的阐述。当然，你也得为此付出代价，那就是：你的时间。花几个小时来仔细钻研这本书，花几天的时间对你的财务情况进行基本的整理。在以后的日子里，你也需要每个月抽出几个小时。但是，同你赢得的时间相比，你花费的这一点点时间根本算不了什么。

安息年

假设你在未来 5 年当中可以休息一整年。在一整年的时间里，你可以做想做的任何事，并有能力支付这一年的所有账单。你可以去旅行，做使你快乐但平时又没有足够时间来做的事情。

这个想法来自《旧约》：第七年，土地要完全休歇，你不可耕种田地，也不可修剪葡萄园。安息年是闪米特人休养生息、反思生活的一年。人人都可以安心地思考和计划自己的生活，可以出门旅行或是干脆什么都不做。

我工作几年之后，金钱对我来说就不再是阻碍因素了，而是我生活的支助因素，这是金钱本该扮演的角色。我可以靠储蓄的利息生活。于是，我就休息了一年。在头几个星期里，我很少做事情，之后开始四处旅行，参加讲座。我学习了冥想，心也平静了很多。我读一些能够充实生活的书籍，这些书籍与我之前的工作并没有关系。我学会了去倾听自己内心深处的声音。我想要对未来做出规划，却发现我对此找不到答案，而是发现了问题。

新的问题总是不断出现，最终，我将所有问题都归纳成两个核心问题："我是谁"和"我为什么在这里——我活着的意义是什么"。为了寻找答案，我开始了写作。我前往加勒比海，坐在一棵棕榈树下，试图各用一句话来回答上面两个问题。

我想你应该能感觉出来，这段时间对我来说多么有价值吧。在 11 天时间里，我写了许多东西，突然清晰地看见了答案。我找到了我的人生目标！由此迸发的力量和激情是惊人的。我发现了自己对生活的激情。

也许你曾将某些事情延后，处理那些事情需要平和的耐心和时间。如果你可以有一个安息年，你会怎么做呢？你能想象拥有一年完全属于自己且不必担心金钱的时间吗？

____

____

当然，想要发现人生的意义，也并不一定要财务自由。但是，你肯定也赞同我这个观点，财务自由有助于你发现人生的意义。太多的人意识到，由于日常事务的干扰，他们无法腾出时间来深入思考最本质的人生问题。

因此我也知道，你如果不去积累财富，付出的代价更高。你的自尊心会受挫。一定程度上的财务保障对保持健康是大有裨益的。你投入时间，是为了在本书的帮助下以智慧的方式来获得财富。这个投资会让你获得加倍的报酬，你会获得大量的时间，比如获得一个"安息年"。

我认为有钱是很好的。生活富裕、身体健康强于贫病交加。掌握财富更符合人类的天性。人的天性是需要不断发展成长的，对金钱而言也如此。

我们刚刚提出了一些问题，可能给你一种不安的感觉。也许这些问题是与你内心深处的价值观和信念相悖的。所以，就让我们一起来探明你关于金钱的**真实**感觉吧！

本章要点

- 大目标比小目标更易于实现，因为问题无法完全挡住你看向大目标的视线。
- 成功人士总是懂得将自己置于一个“必需的”情境，不实现目标，就永远不会快乐。
- 当你为自己设立了极限，你就会设法达到你的极限。
- 你不仅仅要对自己的失败承担责任，也要对你的成功承担责任。你如果认为成功是不可重复的，就失去了提升自我价值的机会。
- 一个付出 110% 努力，主动摒弃所有借口的人，势必取得成功。
- 你需要一位好教练，一位能够借助自身经验最大化地激发你才能的人。
- 最先关注自身劣势的人是不会得到财富的。
- 比赛是消极防御还是主动进攻，两者之间有着天壤之别。
- 多少人失去了生活的乐趣和变得富有的机会，就是因为他们极力想消除自身的劣势。

- 你必须为获得财富付出的代价是时间。但这与你通过财富挣得的时间是不可同日而语的。财富使你能平心静气地、不带金钱顾虑地思考人生的意义。

第五章

你关于金钱的真实想法是什么

一个人当前所处的境况，是他自身信仰的准确反映。

——安东尼·罗宾斯《力量原则》

如果我问你想不想得到更多的钱，你一定会回答："愚蠢的问题！我当然想要更多的钱。"

你是对的，你当然想要获得更多的钱。但是你潜意识里想要的是什么？还记得我们之前那个邮购商店的比喻吧。你只订购你深信不疑的、对你有好处的商品。**其实你今天拥有的东西，正是你为自己量身定制的东西**。

关于金钱，只要你相信的是你一直以来的观点，那么你发出的订单也就总是相同的。即使你认为你需要更多的商品，但这也行不通。在你等待邮递员时，你希望他在你的订单之外为你带来一些别的东西（或是更多的东西），但是如果你的订单始终保持不变的话，那么你的希望就毫无意义。

请回答以下问题：

• 你是否花过超出你计划的金额？为什么？

• 你是否减肥“失败”？为什么？

• 你是否想过存钱，但最终没有去做？为什么？

• 你是否打算至少 3 个月不买新衣服，但后来还是买了？为什么？

• 你是否透支过银行账户？为什么？

• 你是否曾经储蓄，但后来中断了或是直接放弃了？为什么？

• 你是否决定做某件事情，但最终并没有去做？为什么？

但是，你肯定也有过确定目标并实现目标的经历。为什么？其中有什么区别？

会不会在你的内心深处有一种更强大的力量，在某些时刻能够“凌驾”你的计划和良好的意图？

你想获得的东西与你所相信的东西之间，是有差别的。也许你想要更多的钱，但是你又认为金钱会败坏人性。

让我们找出你内心关于金钱的真实想法吧。你会看到你的潜意识是如何发挥作用的，之后，你将分析你的金钱观（这里我引入一个概念“价值取向”）是如何产生的。你将能决定你的个人信念是否对你实现目标有所帮助。此外，你还会在必要时按照自身需求改变你的信念。

你随身携带多少现金

早上出门时，你一般随身携带多少现金？请在下面写下一个平均数：

__________欧元。

为什么带这个数目的现金？为什么不多带一些？为什么不带至少 500 欧元现金？大多数人随身携带的现金少于 150 欧元。为什么会这样？在我的讲座上，经常听到这样的回答：

- 我怕把 500 欧元弄丢了。
- 我担心我会直接把带的钱全部花光。
- 我怕被偷。
- 我会感觉浑身不自在。
- 我根本就没有那么多钱。

他们有以上想法时，会给潜意识传递哪些信息呢？他们感到担心，他们感到浑身不自在，他们不相信自己。这“仅仅”是 500 欧元。如果数额更大的话，他们会怎么样呢？**为财富而做的最好的准备工作，就是学习对金钱感觉自如**。因此我有个建议：时刻带着 500 欧元现金，与你的其他现金分开，而且你不能花出去。这笔钱是不可动用的储备金。就像哑铃能锻炼你的肌肉，你通过这种方式来锻炼你的潜意识，来培养你的财富潜意识（如果你已经这样做过了，那就随身携带 1 000 欧元现金）。你绝不会遇到一个随身携带的储备金低于 500 欧元的有钱人。这些有钱人早在他们家财万贯之前就已经有这一习惯了。

能量贴士

随身携带 500 欧元的现金。

• 你要感觉自己很富有。你要学会在有钱的情况下感觉自如。

• 你要习惯有钱。

• 你要在金钱问题上学会自信。

• 你要消除害怕失去金钱或是被抢劫的恐惧感。

• 你要准备好应对突发情况，在面对有价值的交易时总有足够的金钱储备。

• 你要锻炼你的自律能力。

• 你的潜意识会帮助你获得更多的金钱，因为它发现金钱使你快乐。

身体大多数行为和变化都是自发进行的，我们根本意识不到。就好像我们也根本不会去考虑何时、如何吸气或呼气一样，深深根植在内心的信念会控制我们的潜意识。你思考过这是否也适用于你与金钱打交道时的情况吗？

你对金钱和财富是什么看法

请评估一下你对于金钱的看法。请在下面勾选出适合你的情况的句子。在横线上写下与你相符的其他情况。

□金钱散发铜臭味。

□如果我有钱，那些女人/男人爱的就只是我的钱。

□我花钱如流水。

□干你的本行，别干你不懂的事。

□一个不珍惜一分钱的人，就不配拥有一个金币。

□金钱败坏人性。

□用金钱能做好事。

□金钱不是万能的。

□我得到金钱，就有人失去金钱。

□冷酷无情才能得到很多的金钱。

□富人进天堂比骆驼穿过针孔还难。

□金钱使人目空一切、自负自傲。

□只有存钱的人才能变得富有。

□上帝爱穷人。

□金钱是衡量我成功与否的标尺。

□富有使我失去很多生活乐趣。

□金钱使人感觉舒适。

□金钱很美好。

□金钱给人力量。

□财富使人孤独。

□我爱金钱。

□有钱人没有真正的朋友。

□财富招人嫉妒。

□有钱人睡不好觉。

□钱生不带来死不带去。

□金钱给人带来忧虑和麻烦。

□金钱的获得是以牺牲健康为代价的。

□我安于现状。

□如果我愿意，如果我全力以赴，我也能变得富有，但是我并不想这样做。

□金钱的获得是以牺牲家庭为代价的。

□使用金钱能做许多好事。

□对金钱的追求是高贵而美好的，基本上，我们拥有的所有东西都要归功于对金钱的追求。

□金钱使人幸福。

□认为金钱无法买到快乐的人，只是不知道去哪里买罢了。

□金钱不是万能的，但是没有金钱是万万不能的。

□如果我没有金钱，我就是一个完完全全的失败者。

□一切都是命中注定的。

□贫穷是不好的、可悲的、糟糕的。

□节约只适用于无能的人。

□知足者常乐。

□如果有很多钱，我就会变得好吃懒做。

□比现在更多的钱，我也挣不到啊。

□钱场得意，情场失意。

□好人和睿智的人应该一直都很富有。

□星座运势写了我是否能变得富有。

□谦虚是一种美德。

□过多的金钱是可恶的。

□我从来没有为自己制定过要存钱的条律。

□我运气不好。

□太多钱会使我堕落。

□如果我的孩子从小生长在富裕家庭中，他们就会变得娇生惯养，甚至沾上毒瘾。

□财富分配是不公平的，还有很多人在遭受饥饿的折磨。

□这世上还有比金钱更重要的东西。

□我挣的钱越多，交的税也就越高。

□我就像一块磁石一样吸引金钱。

你的信仰如何发生作用

我们很快就会弄明白你对金钱的看法是怎样的。请再粗略地浏览一遍你勾选出来的句子。你认为这些信念对你的生活产生了什么样的影响？你是否已经发现，你当今的财务状况在某种程度上是你的信念的表现？

____

____

你的实际收获同你的希望是否相符？

过去与未来大不同

几年前，我的体重达到了 96 千克，我还讨厌跑步。一想起我要愚笨而慢腾腾地穿过一片森林，我就充满厌恶之感。在我看来，跑步只适用于一些有先天缺陷的人。一定是有部分染色体出现了偏差，他们才会无论严寒酷暑、刮风下雨都坚持去外面跑步，而非舒服地躺在自己温暖的床上。

在体育课上，我们总是要进行长距离的赛跑，从更衣室跑到操场。有一次，我的体育老师刚好跟在我后面跑。

出于敏锐的教育能力，他对我喊道："舍费尔，你不是要用脚在地面踏出洞来，应该跑起来。大象的步伐都比你的轻盈。你踩踏地面发出的吧嗒声，足以吓跑方圆 5 公里内的所有动物！"他一路上大概连续说了我 10 分钟，全班同学都被逗得哈哈大笑，然而当时我的自信心还没有强大到可以和大家一同开怀大笑。从此，我开始讨厌跑步。每一种"有意义的"运动方式我都乐于去尝试，但是跑步对我来说，真的很愚蠢……年复一年，这个信念就在我的心里根深蒂固并发展成为深深的信仰。这也导致我当时的身体状况不太好。

直到我前几年在夏威夷认识了斯图·米德尔曼。当时他刚刚 40 岁出头，已经赢得了我们能想象出来的马拉松比赛，并创造了多项世界纪录：11 天 1 000 英里（1 英里≈ 1.6 公里）长跑赛，落基山 600 英里长跑赛，法国 6 天长跑赛，美国 100 英里长跑锦标赛……

当我告诉他我讨厌跑步时，他露出一种传教士般的表情，然后给出了一个让人难以置信的建议："穿上你的跑鞋，我们一起来跑步。我从你走路的姿势看得出来，实际上你可以跑得很好的。"除此之外，他还研发出了一种跑步方式，这种跑步方式让人耐力更持久，跑步者可以连续几天仅从自身脂肪储备中汲取营养。我对此很好奇。但我还是无力地提出抗议：现在已是中午了，96 千克重的我得躲到树荫下去才行，而且我在火辣辣的太阳下也坚持不了 5 分钟。然而，斯图决心改变我的想法。

于是，我们开始跑步了——舒适的慢跑。开始的几分钟，斯图分析了我的跑步方式，逐一指出我做得好的方面。此外，他给出了大量建议，包括呼吸方式、摆臂动作和脚着地的方式。令人惊讶的是，我真的不再感觉累了。我们一共跑了两个半小时，跑步使我感到有趣，对此我十分自豪。此后，我坚持每天跑步。这些年，我一直保持 78 千克的体重，健康有活力。现在的我，理解不了怎么会有人不跑步。跑步使人充满活力、精力充沛、身强体壮。

同样地，不管你关于自身和财富的想法如何错误，你也可以马上去改变。

找出你对金钱的真实想法

想象一下金钱过多的情况，我的意思是非常非常多的钱。在下面横线上记录你把过多的资本、过多的金钱、资产和产权同什么关联在一起。

____

____

哪些因素有利于你获得大量金钱，哪些因素不利于你获得大量金钱？拥有金钱的优势和劣势分别是什么？再看一遍你勾选出来的信念清单。

优势	劣势

你写下的优势和劣势是一个什么样的比例关系？也许你写下的优势比劣势多一些。然而，在信仰和价值观方面，“多数胜”的原则不起作用，起作用的是情感力量原则。

一种信仰就可以决定一切

你拥有多少信仰，它们是积极的还是消极的，这些都不重要。重要的是，你的信仰有多强烈。大多数人对财务富足持有的消极情感，比对财务自由持有的积极情感还要强烈。

举个例子：我的一个熟人概括了财富对他的几个好处：他可以花更多的时间来陪伴家人，拥有更多的奢侈品，生活更加舒适；他可以为自己及家人提供更丰富的物质条件；他和妻子不必再如此辛苦地工作了，还可以雇人来替他们工作；他们可以去旅行，去认识有趣的人。

而实际上，我的这位熟人对于财富只有一个消极的看法，他认为金钱败坏人性。品行和道德对我这位朋友来说是非常重要的。拥有"愿意"放弃财富的品格对他来说如此重要。他的潜意识也帮助他"保持品格"。因此，他就大把花钱，也不去存钱。客观来看，精明如他的人做出这样的行为太愚蠢了，与其身份不符。但是他以这种方式保持住了他的"纯洁无瑕"。

注　意

下面的练习是本书中最重要的部分，因为这一切都建立在你的信仰之上。想要变得富有，而又不去认识或者改变自己的信仰是徒劳的。记住：你的潜意识希望并确保为你带来那些你坚信对你最好的东西。

如果仅仅阅读这本书，你绝对能够获得非常有用且有趣的信息。**然而，你如果想有效地改善财务状况，就应该拿起笔杆认真去做每一个小练习**。当然，你的生活是你自己的。如果你为这本书投入了时间和金钱，并且恰当地运用，你就会变得富有。

你关于金钱最强烈的信仰是什么？

1.____

2.____

3.____

你的信仰是如何产生的

正如我们已知的，很多时候信仰是偶然之间产生的。也许是某些在你成长发展中扮演重要角色的人，与你一路同行，教给你人生的智慧。也许是你通过观察周围人学习到的。很多时候，某些关于金钱的特殊言论也影响到你；或者你见识过你的父母是怎么管理金钱的。

在你 18 岁之前，哪些人对你影响最大？请列举 3~10 人（母亲、父亲、朋友、亲戚、偶像、老师、培训员……）。

__________________ __________________

__________________ __________________

今天，谁对你影响最深？给你个小提示：经常和你待在一起的人（伴侣、朋友、同事、父母、合作伙伴、运动伙伴），往往也就是影响你最深的人。

__________________ __________________

__________________ __________________

这些人对金钱持何种态度？他们如何理财？他们给过你关于金钱的哪些建议？

第一个人：______________________________

____

第二个人：______________________________

____

第三个人：________________________________

____

这些人都是出于好意吗

出于各种原因，别人给出的建议是不能全盘接受的。当然，大多数人都是出于好意才向你提出建议的。大多数情况下，你都可以相信父母，如果他们对你说："你至少得比我们做得好啊。"**然而，实际情况是你并没有比他们好太多，只是好一些**。此外，你的成功只是你父母失败的一个证明。他人提出的建议不仅仅向你指明一条道路，也为你划定了极限。你虽然会取得成功，但不会特别成功。

大多数建议者都想对自己的处境进行辩解。通过他们提出的建议，你能看出他们之前的痛处，也就是他们失败的点。一个建议你不要去冒险的人，估计他平时也极大地束缚了自己的生活，因为他自己不会去冒一些必要的险。**所以，建议者常常将对自身处境的辩解伪装成对你的建议**。

除此之外，建议者总是随时谨记自身的利益。希望孩子留在身边的父母，绝不可能建议孩子去接受一份国外的工作。

基本原则是：**永远不要接受一个不会设身处地的人给出的建议**。

你现在已了解自己关于金钱的信仰，接下来该做什么

即使你拥有了一条大多数人都有的金钱信念，你也还是不可能变得富裕。你只会自我止步，并陷入困境。

你对自己的金钱观满意吗？如果不认为金钱是美好的事物，你就不可能变得富有，即使你有着想要更多钱的愿望。所以你需要发展能帮助你获得你想要的东西的信念。

有一个简单的技巧，可以使你在 30 分钟之内改变你的金钱观和根深蒂固的信念。不过我们需要先弄清楚，你是否在正确地“修正”自己的信念。

金钱是好还是坏

你那些关于金钱的信仰究竟是对是错？谈到好与坏、对与错时，总有激烈的争论。

几个世纪以前的主流思想是：地球是平的。所有认为地球是圆的人都会被处以火刑。我们也认为植物都是绿色，直到发现我们之所以能看到多种颜色，是因为物体吸收光的颜色，而它反射的颜色，就成了我们肉眼所看到的物体的颜色。所以，我们看到的影像与物体的实质并不相符。非黑即白的

划分并不高明，因为我们总是会有错的时候。

然而，出于许多原因，我们很难形成新的思维方式。原因之一就是我们对安全的需求。我们希望能够依赖自己或者依赖他人。康拉德·阿登纳曾经说过：“我昨天说过的废话与今天的我又有何干呢？”我们也许很难理解这一见解。再换一种更直接的表达：“我昨天的错误信仰与今天的我又有何干呢？”这里所表达的意思，用一个词来说，就叫作“一致性”。读了圣雄甘地的以下话语，你也许会重新思考你的观点。

> 一致性不是绝对的美德。如果我今天的观点与昨天不同，是不是就因为改变自身方向而没有一致性了呢？我的确与自己的过去不相一致了，但于真理而言，我是保持一致了……一致性在于按照认知去追随真理。

甘地刚结婚时，他关于婚姻和性爱的信仰肯定与后来不一样，后来的他决定不再与妻子同床共枕，为了能够全身心地投入自己的使命中去，他愿意为印度付出一切。但他的做法是否“正确”，就不是我们该问的问题了。

这也正是关键所在。人们都倾向于把事物划分为正确的和错误的。而“好”和“坏”的划分完全就是人类的发明，在自然界中是不存在好坏之分的。

信仰是如何产生的

一个农夫有一匹骏马，村里的人因此十分羡慕他。他们说：“人的一生一定要拥有一匹这样的骏马才完美。”而农夫回答：“谁知道呢……”

一天，骏马跑丢了，村里的人又说：“多倒霉啊。”而农夫还是回答：“谁知道呢……”

几个星期之后，这匹骏马回来了，身后还跟着3匹野马。村民几乎不敢相信这是真的，他们大喊：“他多幸运啊！”而农夫还是只说了一句话：“谁知道呢……”

农夫的儿子在驯服其中一匹野马时从马背上摔了下来，摔断了一条腿。村民惊愕地说：“他的财富并没有为他带来好运，如果没有这几匹野马，他的儿子现在还好好的。”农夫依然回应：“谁知道呢……”

不久，战争爆发了，村里健壮的年轻人都被征召入伍，唯独农夫的儿子因摔断腿而只能待在家中生闷气。农夫安慰他：“谁知道呢……”

战争结束后，没有一个从军的年轻人生还。村民又开始窃窃私语：“他的好运真是无人能敌。”

世上根本不存在客观现实。从爱因斯坦的研究开始，我们得知：现实是观察者本人自己创造的。我们所看见的东西，只以我们所理解的方式而存在。这本书对你来说，其存在方式也只是在于你是如何阅读、理解它。对于一条蛇来说，一本书的存在方式就会完全不同，因为蛇只能看见红外线。

你总归是要创造自己所理解的现实，创造信仰不是更简单？你已经多次改变过你的人生观（信仰）了。你曾经与某人坠入爱河，后来又分道扬镳。你喜欢一件衣服，后来又觉得它不好看了……你可以改变自己的信仰，然而，最终你还是你自己。也正如你所理解的自己一样：这就是你。你的人生观和世界观“创造”了你。你所相信的东西决定了你的处境。

假设我们的想法是一张桌板：

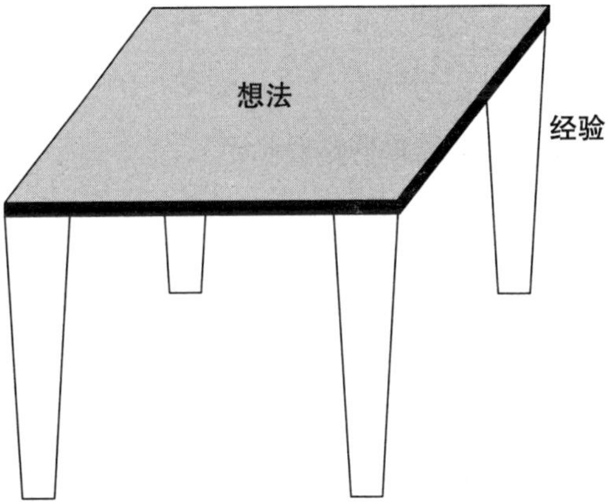

要从想法中形成信仰，就需要至少 3 根，4 根更好，甚至更多的桌腿（可以支撑你的想法的经验）。

你有没有炒过股票呢？最终是什么结果呢？我认识过许多只买入过一两次股票的人。在炒股过程中，他们违反了炒股的理性准则。在证券行情下跌时，为了减小损失，他们就赶紧把股票抛出去了。他们也因此形成了这样一种想法：我炒股运气不好。遭此损失的人就去到处打听，看有谁经历过关于股票的糟糕经历，之后开始努力搜集“桌腿”。**为了巩固自己的想法，我们会从别人身上“借取”经验。我们总去寻找那些能够使我们的想法得到证实的事实。**

你能与金钱相处自如吗？许多人的回答是“不能”，然后去寻找能够支持这一说法的证明。**我们所处的境况，反映的就是我们的信念。**

金钱真的败坏人性吗？你认识的人里面有多少人相信这一说法？他们查阅报纸，就是为了找到更多支持这一信念的证明。这些人是不是同样也能找到金钱为善的证明呢？答案是肯定的。我们可以为所有信念找到支持的证明。因此才有这么多的宗教、哲学、政治路线……

如何改变你的金钱观

信念不能简单地以对和错进行划分。有一句话叫作“富人招人嫉妒”。是不是真的每个富人都有人嫉妒呢？如果这句话属实，同样地，富人也会有许多崇拜者。问题不在于你的观点是对是错。仅仅在于，**你的观点在你通往目标的道路上是否对你有帮助。**

当然，首先你得清楚你的目标是什么。如果你还不清楚，那就详细地记录下你的目标。想一想，你想成为什么样的人，你想做什么，你想拥有什么。先从长远目标开始，以发挥长远目标对短期和中期目标的导向作用。内容可涵盖生活的 5 个领域：健康、财务、关系、情感和人生的意义。

7 年或 7 年以后，我想：

• 成为一个什么样的人：你会如何看待自己，你希望别人如何看待你？

______

______

• 做什么：你的日常生活应该是什么样的？你想要做什么，或者你不想再做什么？

______

______

• 拥有什么：你想拥有什么样的财富、朋友、健康和家庭？

______

______

3 年或 3 年以后，我想：

• 成为一个什么样的人：你会如何看待自己，你希望别人如何看待你？

______

______

• 做什么：你的日常生活应该是什么样的？你想要做什么，或者你不想再做什么？

____

____

• 拥有什么：你想要拥有什么样的财富、朋友、健康和家庭？

____

____

现在再看一看你勾选出的信念。哪些信念可以在你通往目标的道路上支持你？哪些会阻碍你？记住：你一直都在为自己的信念寻找支持的证据。**你所看到的，事实上是你的信念引导你将精力集中在上面**。你的世界也会因此变成你所想的那样。所以，你必须抛弃那些阻碍你的信念，因为它们会强迫你将精力集中在错误的事物上。

请写下你想改变的信念：

1.____

2.____

3.____

4.____

5.____

再想一想那张桌子的图片。一种信仰的组成部分包括一个想法（桌板）和许多支持这个想法的经验（桌腿）。

要改变信仰，你首先就必须折断桌腿，脱离所有的证明，孤立地观察这个想法。然后再考虑一下，这个想法对你来说是否具有意义。如果没有，你就要对这个想法表示质疑。

我们再以“金钱败坏人性”这句话为例。下面有几个问题，能够使你对这个想法增加怀疑。来看看一个我讲座里以前有过此想法的学生是怎么回答的吧：

1. 为什么这个信仰可能是错的？

因为我认识几个非常富有的人，他们的品格特别高尚且正直。此外，我也认识一些穷人，他们就是无赖。很明显，品格并不会与金钱挂钩。《圣经》也将金钱写为好的事物。《旧约全书》中写到的所有英雄都是富有的。

2. 给我灌输这个思想的人富裕吗？

不富裕！我也不想与任何有此想法的人互换人生。我不想拥有他们的工作、住所、汽车、朋友。我不想戴上他们的面具，也不想拥有他们那样的信念。他们都是可爱的人，但我不想成为他们那样的人。

3. 如果我不放弃这个信仰，最终我会在财务上和情感上付出什么代价？

如果不放弃这个信念，我就必须继续做我不喜欢的事情。我会因此遭受损失。贫穷更可能败坏人性，因为它使人麻木不仁。我将会失掉对自己的尊敬，过上一种低质量、没有激情的生活，我会唾弃自己。

4. 我的家庭以及我所爱的人会付出什么样的代价？

我无法为他们提供他们理应得到的生活。不，更糟糕的是：我的言行会对他们产生消极影响，他们会因为我的坏榜样和建议往贫穷的方向发展。为了为自己的处境辩解，我会阻碍他们的发展。

5. 如果我现在改变这个信仰，我的生活会得到什么样的改善？我的感觉会是什么样的？

> 我可以将自己的精力花在那些能够使我的生活更加充实和美好的事物上。我会寻找良机。我尊重自己，因为我真诚对待自己：我可以致力于如何改善自己的品格和财务状况。我拥有的财富越多，我的品格就会越高尚。我感觉自己自由无束缚。

现在就请选出你想要改变的第一个信仰吧，然后回答一遍以下的问题。

1. 为什么这个信仰可能是错的？

____

____

2. 给我灌输这个思想的人富裕吗？

____

____

3. 如果我不放弃这个信仰，最终我会在财务上和情感上付出什么代价？

____

____

4. 我的家庭以及我所爱的人会付出什么样的代价？

____

____

5. 如果我现在改变这个信仰，我的生活会得到什么样的改善？我的感觉会是什么样的？

____

____

改变你的信仰就是改变你的人生

目前为止，你已经跨出了重要的 4 大步：

1. 你找到了自己真正的关于金钱的信仰。每当生活中发生不如你意的事情，你都要找出隐藏在事情背后的信念。

2. 你检查了你的信念是否对你实现目标有所帮助。因此你也对自己的目标有了更加清楚的认识。

3. 你暂时使信仰和支撑信仰的经验和证明分离。这也使得你能够客观地观察你的想法。

4. 你批判性地探究了自己的想法，因此对旧的信仰产生了巨大的怀疑。

你现在已经准备好了用新想法去取代你的旧想法。然后你就可以通过寻找经验和证明，来将你的新想法转化成新的信仰了。

也许你现在在想："这件事情绝不可能这么简单的。"那么我就想邀请你一起来尝试一下。然而，前提条件是，你一定要以手写的形式来回答这个小练习。你一定会激情澎湃的。

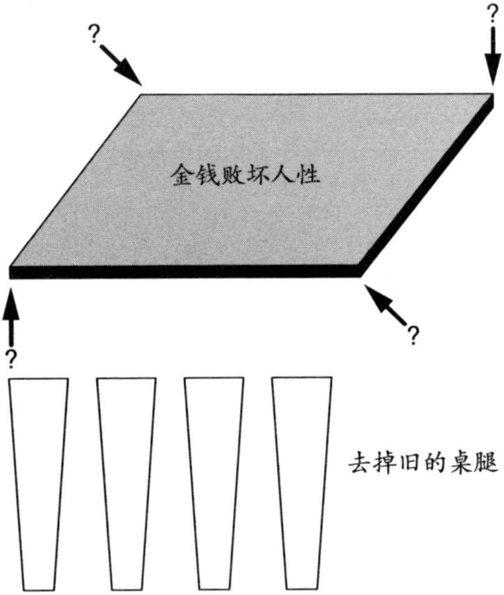

用新的想法取代旧的想法

去寻找一个对于你实现目标更有帮助的新想法吧。一个能够给你力量、让你将精力放在重要事务上的想法。然后去寻找能够支持这一想法变成信仰的证明和经验。正如一张桌子需要至少 3 至 4 根桌腿才能站稳一样，你至少也需要同样多的能够支持你的想法的经验。你完全可以“借用”他人生活中的证明和经验来支持你的想法。

那么，扔掉“金钱败坏人性”这个旧想法，树立诸如“我可以用金钱做许多好事。事情好坏不在于钱，而在于我”的新信仰，开始寻找能够支撑此信仰的证明。来看一看，参加讲座的学员都写了些什么内容：

1. 一次偶然的机会，我结识了卡尔－海因茨·伯姆。他借助自己的金钱和知名度去帮助东非人民。金钱帮助他做了更多的好事。

2. 我的上一任老板非常富有，他在自己的公司里建立了一个残疾人部门。我经常为他的人格魅力所折服。因为金钱，他有了许多去有意义地帮助别人的机会。

3. 金钱展示出它的性格，也给予我们更多的机会。可以用金钱做更多的好事或者做更多的坏事，**这都取决于我自己**。**我也相信我自己**。因此金钱在我身上起到了很好的作用。我现在在委内瑞拉已经有两个教子了。

4. 我非常佩服约翰·邓普顿爵士。他是一位百万富翁，但在为人处世方面仍然保持谦逊朴实的态度。他拥有 18 家基金会，全都由他出资和管理。他将公司的领导权也移交了出去，为了能够全身心地投入基金会中去。

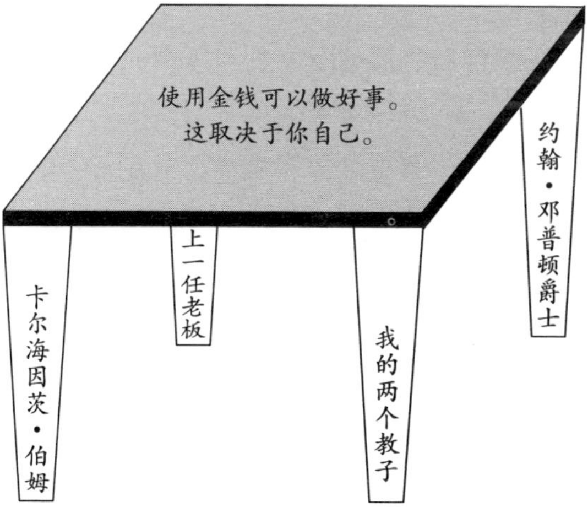

同样地，拿出你旧的信仰，将其转化为新的信仰：

旧信仰：____

新信仰：____

证明和经验：____________________________________

能量贴士

要实现财务目标，你就要改变自己的信仰。

•记住，你的生活就是你信仰的体现。

•找出哪些信仰是“负有责任的”。

•将想法和支撑想法的证明分离，用对你实现目标更有帮助的新想法去替代你的旧想法。

•通过寻找证明支持新想法的方式，来将你的新想法转变成信仰。

•如果你改变自己的信仰，你就会做一些较之前不同的事情，会形成新的习惯，你的生活也会随之而改变。

•通过神经系统的冲动来加深你的新信仰吧。换句话说，现在就去采取第一步行动吧。

•你现在已经为自己取得财务上的成功奠定了有利的基础。

要实现自己的财务目标，你需要3种信仰：

1. 我的处境自身必须改变。

2. 我必须改变我的处境。

3. 我可以改变我的处境。

每当一个人想行之有效地改善自己的处境，他就会产生这样一种感觉：“我必须这样做。”他知道，只有他自己是负有责任的。他也拥有足够的自信，他相信自己能够实现这些必要的改变。

拿破仑·希尔曾经写过一本关于成功的最著名的书籍：《**思考致富**》。他的继母，在他的成长之路上，如此鼓励他：

这个被我们称为家的小屋，对我们来说是耻辱，对孩子们来说是他们成长的阻碍。我们一家人都身体健康，我们毫无理由去接受贫困，我们知道，贫困是懒惰和冷漠造成的。

如果我们作为父母停滞不前，接受生活现状，那么我们的孩子就会在这种生活环境中成长，他们也会像我们一样接受现状。我不喜欢贫困！我从来没有把贫困看作我的命运，我现在也不会这样做！

目前我还不知道，我们走出贫困，踏入自由之路的第一步是什么样的，但是我知道：我们一定能解放自己，同样地，我也知道我们需要付出时间，也需要牺牲一些东西。我希望为孩子们取得优越的教育条件。更多的是，我想让孩子们充满战胜贫困的雄心壮志。

在你接受过贫困一次之后，贫困就会变成一种难以治愈的慢性疾病。

生来贫穷并不可耻。然而，将这种出身看作不可改变，就是可耻的。我们生活在全世界最富有、最发达的其中一个国家里。在这里，机遇在向每一个人挥手示意，每个人都努力识别并抓住机会。而我们家庭的情况就是——如果没有机会向我们挥手示意，那么我们就自己创造机会来摆脱现在的生活！

贫困就像是一种缓缓发生的身体瘫痪。它会逐渐地摧毁一个人对自由的渴望，夺走一个人对于生命美好事物的希望，削弱一个人的积极性。此外，它还使人们不得不忍受大量的恐惧，包括对疾病、批评和身体疼痛的恐惧。

我们的孩子还太小，还识别不出那些因为将贫困看作命运而产生的危险。但是我会教会他们识别这些危险。我也会教他们发展出一种富裕意识！教会他们期待富裕，准备好为富裕付出代价！

再考虑一下：你的处境**必须**改变吗？如果是的话，那么你就必须去改变它，你也**能够**改变它。

你是否**必须**去做某件事情，这取决于你的信仰。在这里，你也可以对你的“软件”进行改编程序。

杠杆作用

想把某件事物变成**必需品**，我们就需要应用杠杆作用。这意味着我们要像使用杠杆那样施压。杠杆作用往往产生于：如果你不去做某件事情，你就会感受到巨大的痛苦；但是如果你做了，你就会感受到极大的快乐。

你可以按照以下方法制造杠杆：将痛苦和你无法改变自身财务状况的事实联系在一起。

在下面横线处写下所有你必须放弃的东西。如果在你的一生中，你从来都不曾获得过财务安全或经济自由，那么你会错过些什么？这会对你的关系、健康、压力、自尊、对自由的需求产生什么样的影响？尤其是如果你在晚年中还必须一直劳心费力？

____

____

仅仅避免痛苦还不足对自己施加压力。要使你的目标变成必需品，你同时需要痛苦和快乐，没能实现目标的痛苦和成功实现目标的快乐。

在下面横线上写下如果你财务自由、无须再工作时，所有你能做到的事情。你可以花大把时间在感兴趣的事情和能帮助他人的事情上。这会对你的人生乐趣、自尊和人际关系产生什么样的影响？你会有多少空闲时间，你会有多快乐？这会对你的健康和人生意义产生什么样的影响？这会如何丰富你和你周围人的生活？

____

____

要使你的愿望变成绝对必需品，你的需求便是绝佳的理由。你为什么想要做，必须做某件事的理由。在需要做出决定的场合下，你应该经常使用“**为什么**”而不是“**怎么做**”来自我叩问。每一个达成过远大目标的人，都是将 90% 的精力放在“为什么”上，只将 10% 的精力放在“怎么做”上。而大多数人都将 90% 的精力放在“怎么做”上，只将 10% 的精力放在“为什么”上，因此他们无法实现自己的目标。

这一章的内容你已经基本读完了，现在我要祝贺你。虽然这花费了你一些精力，但是你已经奠定了积累财富的基石。你现在也清楚地知道自己想要的是什么了。

或许大多数人视作奇迹的东西，你在 7 年内就能实现，因为你已经将它掌握在手中，你拥有掌控未来的权力。要变得富裕，哪些因素是必要的，对此你也有清晰的认识了。你已经跨出第一步，并且已经确立自己的金钱观。必要时你可以改变信仰，使新的信仰在你通往目标的道路上助你一臂之力。

本章要点

- 一个人当前所处的境况，正是他个人信念的反映。
- 其实你今天拥有的东西，正是你认为正确的、对你有好处的东西。
- 对于获得财富的最好的准备，就是学习如何在有钱的情况下感觉舒适自在。
- 大多数人对财务富足持有的消极情感，比对财务自由持有的积极情感还要强烈。
- 财务状况和你对金钱的所见所闻，对你的影响程度是一样的。
- 如果你想行之有效地改善自身财务状况，你就必须改变你的消极态度。
- 想要变得富有，而又不去认识或者改变自己的信仰是徒劳的。
- 他人提出的建议不仅仅向你指明一条道路，也为你划定了极限。建议者常常将对自身处境的辩解伪装成对你的建议。
- 不要在身边寻找建议，而应该在最合适的地方寻找建议。
- 发展出能帮助你获得你想要的东西的信仰是十分重要的。
- 你能在 30 分钟之内改变任何一种信仰。
- 我们每一个人在过去都曾经改变过自己的观点或想法。这些在当时无意识的、偶然发生的改变，现在你同样可以有意识地去做到。

- 评判信念的重要标准是：这种想法在你通往目标道路上是否对你有帮助？
- 每当生活中发生不如你意的事情，你都要找出隐藏在事情背后的信念。
- 要实现自己的财务目标，你需要3种信仰：

  1. 我的处境自身必须改变。

  2. 我必须改变我的处境。

  3. 我可以改变我的处境。
- 想把某件事物变成必需品，我们就需要使用杠杆。杠杆由“避免痛苦”和“体验快乐”两部分组成。
- 你可以制造杠杆。无法实现目标时痛苦，实现了目标就快乐。
- 每一个达成过远大目标的人，都是将90%的精力放在“为什么”上，只将10%的精力放在“怎么做”上。

实用指南：第一个 100 万欧元

第六章

债务

绝不要用短期的解决方案来应对长期问题。

——丹尼尔·S. 佩纳《交易和并购》

当今社会，负有债务对许多人来说司空见惯。在德国，每4个家庭中就有3个家庭负有消费债。为什么不去负债呢？谁想要一辈子当吝啬鬼呢？

学业结束之后，我在大约一年的时间内欠下了接近40 000欧元的债务，因为我无论如何不想像我父亲那样生活。他每次买东西时，都要拿出一个小本子，用一支削尖的铅笔写上："博多，冰激凌，0.40马克（德国于2002年1月1日正式启用欧元，马克退出历史舞台），1968年8月3日。"几乎每个人都看到了他的这一行为。太尴尬了！

不，我绝不能让别人认为我很吝啬。于是我经常邀请朋友去餐厅吃饭；我还需要一辆大轿车来展现身份；此外，我还必须支付一些其他费用——税收。最终，我只得求助于这一伟大的发明：信用卡。有了信用卡，我就不用自己付钱了，信用卡公司的人会帮我付款，至少我暂时先不用付钱了……

之后我就听到有人说："他真是个人生赢家，他过的是头等生活。"我过起了头等生活：不喝气泡酒——只喝香槟酒；不吃牛排——只吃上等里脊。

我想像一个富人一样，生活在未来世界。而很快，过去以账单、催债信和高贷款利率等方式不断地打扰我。作为一个业绩优异、收入颇丰的销售人员，我总是能够获得新的信用卡。于是我开始进行交替还款，也就是说，我得到一张新的信用卡，然后用新信用卡去还旧信用卡的账单。就这样，我将自己卷入了一个螺旋式下降的财务状态中。

我不了解你的个人情况是什么样的，也许你必须阅读这一章——作为你的最后一根救命稻草；也许你完全不存在消费债的问题，那么请你一定要读完前面几页；也许你虽然负有消费债，但还在正常范围内，这种情况下，请你还是要读一读这一章。也许你在读完之后会产生一种新的观点，类似于这条座右铭的观点："将不好的事扼杀在摇篮之中。"

愚蠢的债务和明智的债务

当然，债务也分为不同种类。在买房时，抵押贷款是以房屋价值为依托的。但有一些原则你必须考虑。否则，你只能为公司或者为自己贷款。我认为，负有消费债是一种非常危险的行为。家具、汽车、旅行、音响、电视机和其他家用电器，是造成消费债的几个典型理由。许多年轻人认为，在自己搬入新家的那天，他们必须有全新的装修。而我要劝你打消消费债的念头。记住："我们想要的东西并不等同于我们需要的东西。"

而如果是建设一家公司，那么情况又完全不同了。在当今社会，如果缺少 O.P.（other people，其他人）和 O.P.M.（other people's money，其他人的钱）这两个重要支柱，公司不可能快速发展壮大。

我们来研究一下消费债的优点和缺点吧。首先说说优点：

消费债根本没有优点。更确切地说：消费债是愚蠢的行为，对人产生破坏性的效果，打击人的积极性，消磨人的精力，使人最终陷入一种恶性循环。

为什么？我们有两种运用自身精力的方式：努力找出一个长期解决方案或是找出一个短期解决方案。短期解决方案存在的问题就是，我们实际上与长期目标相距更远。我们的目标是变得富有。如果我们使用信用卡，只是为了眼下能过上纸醉金迷的生活，那么我们只会消磨掉自己的积极性。原因如下。首先，一段时间之后，我们会发现自己无法再继续下去了。这时的金钱是可以计算的，如果算一算自己的总收入发现它是负数，那么我们不禁就会问：我究竟是为了什么而工作？其次，我们也会毁掉自己的动力，因为我们在今天就已经把自己未来的工作报酬花出去了。最后，我们会知道或是意识到消费债是“不好的东西”，但行为与自己内心深处的声音背道而驰，我们就失掉了自信。自信心不足也就意味着动力不足。

我们期望自己的境况变得越来越好，而我们的动力很大一部分都来自我们的这一期望。我们致力于长期策略，自己才会成为专家，使自己的境况越来越好。而受到个人债务压迫的人，缺少时间和动力来执行这一策略。相反，他必须不停地去做一些琐碎的事，仅仅是因为这些事现在变得很紧急。

总有不可预料的情况出现在我们的预期之外。借贷消费，就是用将来的收入来支付。现在，未来的收入还没有到手，意料之外的情况随时可能出现。众所周知，如果我们的收入因意外减少，无法按时支付贷款，这时银行家们就会相当紧张。紧张的银行家会夺走我们的动力和生活乐趣。我们都知道负有消费债是不明智的行为，那为什么消费债现在几乎成了一种正常现象呢？

债务是如何产生的

重要的是得知道，你不是身不由己陷入当前境况的，你仅仅因为过去的或现在的错误信仰才沦落至此。

回想一下我们的大脑是如何运作的：我们可以为了避免痛苦、感受快乐去做任何事情。债务一般产生于某个人想要避免眼下痛苦的时候：一个人买不起自己喜欢的东西，就意味着放弃，放弃就意味着痛苦。然而，买下一条漂亮的连衣裙时，或是预定好一次旅行时，我们就会获得快乐。大脑对于这类事物有着更快速和更强烈的反应。如果我们购买太多不重要也无法负担的东西，大脑就会长期处于一种糟糕的境地。它只想要避免眼前的痛苦和感受快乐。

人类虽然有进行策略性计划和分析的能力，然而避免当前痛苦、感受快乐的程序却要比进行分析的程序更强大。

我们都知道，与一时的放弃带来的短痛相比，债台高筑带给我们的长痛，要强烈得多。只是很遗憾，这一理智的认知在过去漫长的时间里没有促使人们减少消费债。债务毫无理性地发生了。

为了让你理解活得快乐、避免痛苦的程序对我们的行为有多么强烈的影响，我想给你讲一讲巴比伦人的故事。

就连古老的巴比伦人也欠下了消费债。他们来到当今银行的前身——放贷人面前，放贷人向他们提一些问题，就跟现今银行家对贷款人提出的问题一样：“你有抵押吗？”巴比伦人展示出就算放在今天也通行的抵押物之外，还会展示别的抵押——他们自己。因此，放贷业务就达到了一种繁荣昌盛的状态：每个人都具有信用价值，因为每个人都可以拿自己作为抵押。当一个巴比伦人不再有能力赎回自己时，他就会被当作奴隶卖掉。当时拍卖奴隶就像今天拍卖房子一样普通。10 个奴隶中有 9 个最终都“死在城墙上”。

根据古典历史学家的描述，比如希腊的希罗多德，“伟大的巴比伦城墙是世界古代七大奇迹之一，由巴比伦国王那波勃来萨带领扩建，城墙高度超过 50 米，长约 18 千米，其宽度足以让 6 匹马并排在上面驰骋”。

这座城墙是奴隶修建起来的。这项工作的艰巨程度难以想象。太阳残酷无情地烤照着正在搬运砖瓦的奴隶。自这项工作开始之时算起，每个奴隶的平均寿命只有 3 年。每当他们因身体疲惫而昏倒在地时，监工人员就鞭打他们。如果他们无法再起身，他们就会被人从城墙上扔下去，在岩石上摔得粉身碎骨。尸体在夜晚被运走。

这样的场景，巴比伦的居民每天都能看到。一直劳作的奴隶是个不变的事实，普遍呈现给每一个巴比伦人。有趣的是，城墙上的奴隶中有 2/3 不是战俘，而是主动放弃自由之身的巴比伦人。

我们可能会问：一个人怎么可能傻到这种程度，去冒这样的险？他明明每天都看到发生在眼前的惨景，怎么还能在贷款时让自己作为抵押？

答案就是：因为人类的大脑此刻想要享受快乐、避免痛苦。未来失去自由和成为奴隶而惨死的痛苦，并不比当前的快乐更重要。从理性分析的角度出发，你可能无法理解这种情况。这样说吧，“我能够预料到会发生什么，因此我也能聪明地避免消费债”这个想法在当时并没有发挥作用，实际上在今天也没有发挥作用。虽然我们最终不会像古巴比伦人那样有严重的后果——但如果我们负债，我们也会陷入一种与奴隶类似的境况当中。

我如何避免债务

古代有贷款的巴比伦人，他们中的大多数都沦为了奴隶。但是古代也有不去向放贷人求助、善于理财的巴比伦人，这些人积累了财富，使巴比伦成为也许是当时最富裕的城市。两者之间有何区别呢?

有的人就是有过人的能力，却在经济上倾家荡产，也有的人 10 年前白手起家，如今坐拥金山。然而，每个人脑子里都装着同样的**避免痛苦、感受快乐的程序**。

区别就在于，我们如何定义痛苦和快乐。我们的信仰体系生根发芽，它们决定我们什么时候感受痛苦，什么时候获得快乐。我认识一些男士，非真丝的，不是出自著名设计师之手的，价格低于 49 欧元的领带，他们是不会戴的。对这些男士来说，如果被迫系上一条 C&A 的涤纶领带，而当风将领带吹得翻转过来，每个人都能看清领带上的标志时，他们就会感到痛苦。然而我也认识一些男士，如果必须花 49 欧元去购买一条领带，他们也感到痛苦。储蓄才能让他们感到快乐。于是我们就能断定：我们何时获得快乐、何时遭遇痛苦，是由我们的信仰决定的。

我们的行为并非基于我们自身的“逻辑感知力”和意图，而是基于我们的信仰。改变信仰，才能改变财务状况。

请回答这个问题：“我为什么值得拥有大量金钱？”

思考一下，哪些信仰对你目前的债务情况负有责任。下面的几个问题能够帮助你找出答案：

• 摆脱债务对我而言会有哪些坏处（如果坏处不存在，那么你就不会负债）？可能的坏处是：放弃自由、财务紧缩、形象受损、生活质量下降……

• 如果我摆脱债务，对我而言会有哪些好处？

• 从这些好处中还能引申出哪些其他的好处？

• 哪些信仰导致我欠下债务？

• 如果我还是继续处于欠债状态，我必须忍受哪些坏处？

• 我要如何做出决定呢？

现在请再回到第五章的小练习，改变你的信仰吧。对自己进行全新的“编程”吧：你是自己生活的主宰，不是偶然出现的信仰的奴隶。

消除债务的 13 个实用建议

1. 向你的长期目标看齐。问一问自己，你的所想、所言、所为是否都对你实现目标有所帮助。

2. 改变自己的信仰。想要借助一些实用的建议去实现目标，而不去改变信仰，是徒劳的。

3. 永远不要说：“这没用。”现在，**每一**欧元都有用。

4. 将自己的每一笔支出都罗列出来。我知道，这有点麻烦，但是我向你保证，这样的麻烦是值得的。要按照预算计划来支配金钱的支出。

5. 剪碎你的信用卡。现在，马上。在你有了 50 000 欧元存款之后，再去申请一张新的信用卡。

6. 将可透支的信用账户换成普通的信用账户。后者利息更低，你也可以开始清偿欠款。

7. 将所有的未收回款项罗列出来。亲自去找你的债务人收取欠款。允许他们分期偿还。真诚地感谢每一位支付欠款的债务人。

8. 开诚布公地同你的债权人谈一谈，旁敲侧击只会使他们不理解你，使他们感到愤怒。相反，如果你开诚布公，大多数的债权人都会同意你提出的欠款归还建议。

9. 每月偿还债权人的钱数不能超过每月余钱的一半。基于两个原因：首先，你马上就开始储蓄；其次，你要偿还一定数额，才能使你的债权人不对你失望。

10. 对每一笔支出，都要问自己：**这笔支出真的有必要吗？我必须花这笔钱吗？**

11. 寻找新的收入来源。

12. 为自己限定每月支出的最高限额和每月收入的最低限额。

13. 培养危机意识，模拟极端紧要关头的情形，尽快地采取行动。你一定已经改变了自身信仰，剪碎了信用卡了吧？

应对债务的策略

应对债务的最佳方式就是清偿。但这往往并不那么容易。也许你得让债务伴随你的生活一段时间。所以我想帮助你，我想让你在负有债务的情况下也能生活得快乐。

你对待债务的态度

你已经了解我对待问题的态度了：问题具有两面性，也就是说问题也存在好的方面。我们现在必须改变一些东西，必须成长。因此我想问问你：债务的有利面是什么呢？你现在必须做哪些之前从没有做过的事情？你现在必须去认识哪些人？你的新信仰为你带来了哪些好的影响？你如何将自己目前所承受的压力转化成一种积极的推动力？

____

____

你对待自己的态度

遗憾的是，在和前来咨询的人的对话中，我总是一再听到负债者用自责来折磨自己。也许他们负有债务，但并不是失败者。不要仅仅用金钱价值来衡量自己的价值。你毕竟是一个人，不是一张钞票。你是一个有着许多可爱特性的、有价值的人。

在每一场管理培训中，你都会学到这样的内容：你应该尽可能少地批评自己的员工。如果实在有必要，你也应该按照基本原则来对员工进行批评。

首先，你批评某个人之前，应该坐下来，写下这个人身上 10 条你所欣赏的特性。其次，你应该对事不对人，也就是说，永远不要怀疑这个人本身。

告诉我，为什么我们对待自己要比对待别人差呢？许多人都因为自我批评毁掉了自己。他们这是在自我毁灭。因此我建议：以后你再想要严苛地谴责自己时，就大声对自己说："停！"然后拿出你的成功日记本，列出你喜欢的自己身上的

10 条优点。你还得清楚，你的信仰造成了你现在的处境，而且信仰是随时可以改变的。

不要将责任归咎于任何人

我们倾向于将责任归咎于他人或是某些环境因素。记住：你给予一个人责任，你也就给予了他权力。你现在需要尽可能多的力量和权力。

我当初意识到这一点之后，很快就清除了自己的债务。在此之前，我谴责我的公司，谴责我那些未付款的客户，谴责国家的税收政策。然而事实是，我当时陷入了这个困境之中，只有我自己能将自己救出来。这个清晰的认知给予了我极大的力量。这样的力量被我用来清偿债务，而非用来推卸责任。

不要害怕

恐惧感只会使你丧失行动能力。你在害怕些什么？就算真的发生灾难，你也能从中发现好的一面啊。想象一下可能出现的最糟糕的情况，就算这样，地球还是照样会转，对吗？这种观点的确难以让人接受，但你一旦接受，你就会感受到前所未有的自由。这种观点能帮助你去解放自己。因为灾难是过去的结束，它会摧毁旧事物，使新事物的产生成为可能。旧事物被摧毁之后，就会产生需要新事物填充的真空地带。你看，就连灾难都有好的一面，如果你善于发现——全新开始的机会。事实上，大部分的成功故事也确实是开始于灾难之后的。

不要管别人怎么说

在别人向我进行债务管理咨询时，我经常听到这样的话："邻居们会怎么说啊？多大的耻辱啊！我的父母会难过的……"

财务状况是衡量个人价值较小的一个方面。对于那些仅仅因为你有钱才和你一起交往的朋友，你完全可以舍弃。如果有人愿意难过，那这是他们自己的决定。不要让别人的看法来决定你的幸福感。

避免同情

永远不要显示出你对自己的怀疑。不要对任何人说起你的债务情况。许多人都喜欢以寻求帮助为借口，趁机说起自己糟糕的情况。**帮助并不会主动来到那些需要帮助的人面前，而是会来到那些值得获得帮助的人面前**。如果你讲述自己的困难，那么你一定会收获来自他人的同情。获得同情的人总想要得到更多的同情，因此就会向别人讲述更多糟糕的事情。要想维持这种美妙的同情关系，你就必须一直处在糟糕的境况之中，否则，你就没有糟糕的故事可讲了。我们所有人都想获得别人的好感，但谨防自己以获得同情的形式来获得好感。换言之，我们应该赢得尊重。

我们需要的是一个赢家的身份，赢家会吸引机会，赢家从不将自我怀疑展现在他人面前。

永远留有现金——即使你没有名义上的现金

假设有这样一位“债台高筑先生”，他欠下了 175 000 欧元的债务，还一文不名，他也没有途径去挣得更多的钱。他去拜访朋友，只能吃到闭门羹；在银行里，如果摄像头拍到他的脸，自动警报器就会自行启动。他还必须继续支付租金。他的信用卡全都被冻结了，下个星期连吃饭都成问题了。电信局威胁说，如果一个星期之内不把账单缴清，就要切断他的电话。供电所也以相似的方法来威胁他。由于没钱买汽油，他也不能再继续开车了。

对于这个故事，我想说的是：“债台高筑先生”80% 的问题都不在于那 175 000 欧元的债务，而在于他手上没有 5 000 欧元现金这一事实。我并不是在暗示 175 000 欧元的债务易于清偿。但是，因为没有 5 000 欧元的现金，“债台高筑先生”必须浪费掉 80% 的精力。因此，他也根本无法将精力花在对他而言第一位的事情上面：创造收入。所以，时刻在保险箱或保险柜中存放一笔不动用的储备金是至关重要的。

我们再更进一步：假设“债台高筑先生”根本没有可能去清偿这 175 000 欧元的债务。他没有将私人财务和公司财务严格分开，现在个人处境和公司处境都毫无希望可言，他必须申请破产。

假如“债台高筑先生”有 25 000 欧元无人知晓的现金，那他的处境又会发生什么样的变化呢？破产虽然是无可避免的，但他有机会在破产后的 6~12 个月内都相对轻松地生活下去，也有能力支付所有重要的个人账单。此外，他也可以平心静气地考虑新的出路，开始新的创业。

你是否知道，为什么有些有钱人在遭遇破产、失去一切的时候还是能保持自己的生活水平呢？

能量贴士

时刻在保险柜中存放一笔不可动用的储备金（比如 25 000 欧元）。

• 超过 80% 的紧急性问题也就迎刃而解了。使你负担过重的一般都不是大笔债务，而是分散的“小”问题。

• 这是一笔紧急储备金。也就是说，这笔钱只能在破产或在表白清偿诚意并交代财产情况的宣誓时动用。在此之前，你必须当这笔钱根本不存在。

• 这笔储备金始终能给你重新开始的机会。

• 25 000 欧元的储备金有利于你保持自信，满足你对安全感的需求。

• 为了你自己、为了你的健康和你的家庭，你需要一个这样的策略。

好好考虑一下你破产的时机

如果破产是不可避免的，那么你就得选择明智的破产时机。这时，你就应该尽可能快地联系一名有经验的破产事务律师。他可能会告诉你，继续坚持还有没有意义。通常情况下，将一辆旧车从深深的泥潭中推出来，会比重新买一辆新的小车要困难得多，令人不满得多。

如果你决定破产的话，那么这个时机就是相当重要的：基于许多原因，“11点55分”会比“12点”更好。这个决定十分困难，因为这可能关系到你“最爱的孩子”，也许你对它充满了感情，你投入了许多时间、力量、精力和金钱。此外，你可能还要具备一个非常重要的企业家品质：乐观主义。但你得注意，连环事件是有其法则的：对于长期缓慢变糟的事情，如果你没有做出一些改变，没有采取一些行动，它们根本不可能一下子就突然好转。因此，对于相关的问题，请你一定要向专业人士进行咨询。

遵循50/50原则

千万不要将你能存下数额的50%以上用于支付债务。如果你每月能挣3 000欧元，生活费需要2 500欧元，那么你就剩下500欧元。这时你就应该用250欧元来偿还债务，还有

250 欧元存起来（不要让任何人知道）。

也许你的父母和银行顾问给了你一些别的建议。但是你想一想：在多年以后你终于无债一身轻了，这样一个目标又会让你有多大动力呢？也许你想的是，这个重担终于不再压在你的肩膀上了。这也确实能在短期内让你感觉十分美好。而实际上呢，你拥有的只是零，你一无所有。甚至大多数刚出生的婴儿都可以把你远远甩在后面。一无所有不是你的目标，清偿债务也不是一个足以激起我们热情的愿景。

你的目标应该是，积攒 25 000 欧元的存款。第一个 25 万欧元，第一个 100 万欧元……因此你应该现在就开始储蓄，以此来培养你的财富意识。为自己设定一些能真正激发你动力的目标。

理解了 50/50 原则之后，我的身份马上就发生了改变：**我马上就开始储蓄，不必等到一无所有的时候才开始**。

你也可以现在就开始储蓄。你有多少负债，这不重要，你现在就开始储蓄就好了。同无债务负担者相比，你需要的只是更长一些的时间，确切地说，也就是两倍的时间。你也必须争取多挣钱，让你能存下的 50% 与无债务负担者挣的 100% 一样多。

能量贴士

从你每月余钱中抽出 50% 用于偿还债务，其余 50% 存下来。

• 这样一来，你就可以马上开始积累财富了。

• 你的努力要以能够激发你动力的目标为导向：你在积累财富的同时也清除了你的债务。

• 通过建立现金储备来培养你的财富意识。

• 你总是有钱来应对紧急情况。这样对你大有裨益，因为负债累累的情况下，你很难再申请到信用卡来应对突发事件。

保持自律

当年，我也想快速清偿债务，于是我为自己制订了这样一个计划：首先我跟所有债权人进行了谈话。我将我的处境如实告诉他们，并向他们保证，我一定会尽快归还所有欠款。我请求他们给予我 3 个月的延期付款时间。除了一家机构，所有人都同意了——这样一来，我就可以马上建立起一笔储备金了。因为这次事件，我的整个金钱观都受到了颠覆。我开始有了一种富有的感觉。同时我也想知道，自己能自律到什么程度。我决定每天只用 5 马克来生活——居住、通信、汽车、保险以及其他固定支出除外。一天 5 马克，我必须吃饭，以及负担其他所有随机消费。

以前我将自由定义为：能够去做自己想做的事情。而现在，我对自由的新定义是：自由意味着，自律地去执行我计划好的事情。

关于这个定义，我其实是受到部分巴比伦人的启示，他们创造了大量财富，他们保持自律——不去向放贷者借钱。古巴比伦人总是说：你的弱点使你沦落至现在的处境，你又怎能称自己是一个自由之人？你是一块任人揉捏塑形的陶土，还是一块坚硬的、不可动摇的青铜？

“5 马克计划”的执行并不容易。但很快我就对我的结果感到无比自豪。在此期间，我开的车是一辆福特嘉年华。司机侧已经没有门把手了，因为我之前刮到过栅栏。因此，我只能从司机侧的车门内把门打开，我只能像一只松鼠一样从副驾驶那边爬进车里。（松鼠其实是一种比较恭维的比喻，要知道，我当时可是重达 96 千克啊。）我当时也总是很担心客户看到我这副样子，影响他们对我的信任。

你能想象吗，我曾经非常艰难地试图花 180 马克来买一个新的门把手？你也不相信吧，我试图把这笔支出归入“绝对必需品”一类？因为不这样做，会对我的业务产生不利影响。然而，这与我的“5 马克计划”不相符。于是，我每次停车，我都让福特嘉年华的司机侧紧靠墙壁，或是紧邻另一辆车，这样大家就会看到，我只能从副驾驶那边上车了。

我坚持了 8 个月。在这段时间里，我不仅积累了自己的第一笔现金储备，还清偿了所有债务。更重要的是我建立起了极大的自信：从那时起，我就知道，我自律的表现就是——

执行我计划好的事情。

在执行“5 马克计划”之前，我是一个相当不自律的人。当时的我并不知道，纪律能够带来自由（信仰）。当时的我将自律看作一个无才之人身上才会有的过时的品质。毕竟，我整个中学时期都靠蒙混过关，取得了超过勤奋好学、严格自律的同学的成绩。

今天我知道，我并不是由于缺乏纪律才取得了良好的中学毕业考试成绩。恰恰相反。让我来给你讲讲，我是如何学会自律，并改变自己的态度的。

一天，我和我的教练一起去厨房取咖啡。他拿起一壶咖啡，直接就把咖啡往地上倒。我跳到一边，深怕咖啡溅到自己身上，同时喊道：“等等，等等，您还没拿杯子呢！”他无动于衷地继续倒咖啡。在我不知所措地望着地面的一摊咖啡时，我的教练缓慢而又有力地对我说道：“你看到了吗，舍费尔先生？咖啡就好像是你的才能，它们一文不值地躺在地上。没有倒进杯子的咖啡一文不值，再多也无用。没有自律，你的才能也是一文不值。”

我的教练的做法有没有引起你的注意？他极为深刻地改变了我关于自律的信仰。在擦拭厨房地面的咖啡时，我第一次将自律看作我的才能的杠杆。自律就是力量，它决定了我们体内无尽的潜力的发挥程度。没有自律，任何一种才能都只能白白浪费。

债务让人感到绝望时，该怎么做

如果破产是在所难免的，请你考虑破产或做表白清偿诚意并交代全部财产情况的宣誓的时机。也请你记住：如果你有足够的现金（“不属于你”的现金），那么这两者对你来说都不是世界末日。你很快就会复原，你将有能力申请法律调解。当一位债权人相信你身上再没有其他的钱了，那么能拿到部分的偿还金额，他还是会满意的。根据“30% 总好过完全没有”这条座右铭来看，一般情况下你可以撑很久。

我并不想鼓励你去申请破产或是做表白清偿诚意并交代全部财产情况的宣誓，我只是想向你指出，你还有一种明智的选择。请记住，你的策略应该一直以你的长远目标为导向。避免破产或做表白清偿诚意并交代全部财产情况的宣誓并不是你的目标，而挣第一个 100 万欧元是可以作为目标的。实例研究总是一再表明，负债意识并不一定会促使人做出最佳的策略决定。

一位前同事曾经欠下 87 000 欧元的债务。作为一名丈夫，他看不到任何其他的可能性，除了勇敢地偿还债务。他夜以继日地加班，他的妻子在当语言教师的同时，兼职做清洁工，除此之外，她还要处理家务、照顾两个幼小的孩子。他们两个人每月净收入 2 800 欧元，其中 1 500 欧元用于清偿债务。汽车和假期就不要想了。然而，还总有一些过去的小额欠款冒出来，或是发生一些意外的情况。因此，他们无法每次都按时偿还，他们的朋友也因此感到十分不满。7 年之后，我又遇到了他，并为他进行了一次分析。需要强调的是，他每月偿还 1 500 欧元的债务，生活不可能轻松。他由于神经性睡眠障碍而消瘦了许多，整个人也变得郁郁寡欢，在他的家里已经几乎听不到笑声了。你觉得他现在还剩下多少债务呢？ 85 000 欧元！月收入的大部分都被他用来支付贷款利息了，剩下的被用于满足新的需求和支付税款了。

如果他最开始做表白清偿诚意并交代全部财产情况的宣誓，并且通过法律调解达成 3 年后偿还 25 000 欧元的协议，他早就无债一身轻，他还应该有一笔 27 000 欧元的存款才对。如果他每月存 1 500 欧元，7 年之内他至少都有 126 000 欧元的存款了。而这位正直的伙计，现在还有 85 000 欧元的债务，毕竟，他向银行做过还款许诺。

将目标定得更高远一些

大多数负债人士都容易得出后果严重的结论。他们认为，他们最好向着最低目标航行。他们抑制自己的意愿，埋葬自己的梦想。他们决定听从别人的劝告：“人应该做到知足常乐。”他们的座右铭变成了“朴素”。他们说服自己去相信，“不要为了财富使自己陷入被动”。起阻碍作用的信仰，比如“干你的本行，别干你不懂的事”，开始进入他们的潜意识。

知足常乐的人也是主动放弃的人。他会对最低的生活条件感到满足，他会过默默无闻的生活，像一只地鳖一样隐藏在黑暗之中。但是你别忘了，你的债务的产生，并非由于你没有变得富有的能力，而是因为你拥有不利于财富发展的信仰。许多人在负债的情况下降低自己的目标，唯一的原因就是缺乏自信。一个债台高筑但同时具有高度自信的人，是能够清楚地认识到自己别无选择，只能全力以赴的。他能够认识到，一直以来坚持的期望只会让他一事无成。**我们拥有什么样的期望，也就决定了我们能获得什么**。

渴望从生活中获取许多东西的人，生活会给予更多的回报。乔纳森·斯威夫特曾经说过一句讽刺的话：“不期望任何事的人是有福之人，因为他也不会失望。”

将你的期望设置得更高一些。夜晚越黑，灯光也就越重要。现在是时候做一本梦想图册了。拿出一本相册，将自己喜欢的所有东西都贴上去：你想要变成的样子，你想要做的事情，你想要拥有的东西。尽快去做这件事，毕竟你也想让自己的期望尽快地变成现实。当年我开着福特嘉年华穿街过道时，我希望很快就会开上一辆价值 50 000 欧元的车。我想要拥有它，我期望实现它，我也知道我的梦想终将成真。我想象自己会用现金来支付这辆新车。我只用了两年半的时间来实现它。

永远不让目标低于期望。永远不要劝自己说：你不“值得”拥有。你自己是可以决定你值得拥有什么的。你的期望决定你会获得什么。灯光下有你的一席之地。

你如何获得快乐

许多人认为，只要自己没有问题，就会过得快乐。他们认为，只要问题还没有解决，他们就必须面含愠色地四处活动。然而现在，你知道了：“想要变得富有的人，需要一个长长的问题清单。”

问题将会一直存在。如果没有问题而短暂地忘却烦恼才有欢声笑语，我们永远都无法享受解决问题的乐趣。想一想：当你为自己所达成的成就而自豪时，都是因为你克服了困难严峻的处境。世界上没有任何问题不是手捧着礼物来到我们身边的。我们四处寻找问题，因为我们需要这份礼物。**每一次疼痛的背后都有一座金矿**。我们需要这样的机会，这些从疼痛中产生的机会。也存在足够的理由让我们为它们的存在感到幸福。尽管存在问题，但我们还是能够获得快乐。

所以，下意识地问一问自己：我如何享受这个过程，如何从中获得快乐？

关于债务的最高智慧

一天，一个孩子去森林里散步，走着走着，他来到了一座房子前面。这座房子坐落于林中的一大片空地上。房子的两侧分别有一个巨大的花园，各有一名园丁。两个花园却截然不同。

一个花园一片荒芜、杂草丛生，园丁是一名怒气冲冲的人。他一边拔除杂草，一边咒骂着。另一个花园呈现出一派祥和的气息，繁花盛开，充满勃勃的自然生机。这座花园中的园丁好似毫不费力就做好了一切。他倚在一棵树上，愉快地用口哨吹着小曲。

孩子决定去拜访那名轻松愉悦的园丁。孩子问园丁，为什么他能够毫不费力地就打理好自己的花园，而另一名园丁无休无止地工作，还是无法将花园打理好。

“你知道吗？”这位轻松的园丁回答道，“曾经有段时间，我也像我的那位同行一样进行过尝试。我将杂草拔除了，但我确信我无法彻底消灭杂草。土地里还残留着草根，在我拔除杂草的同时，草种也掉落进泥土里了。总之，杂草是除不尽的。等我除完一边的杂草，另一边的又长起来了。

“然后，我想出了一个新的策略。我找了一些比杂草生长速度更快的花草植物。这些植物很快就将杂草压倒了。这些花生长的位置也不再出现杂草。我的花园自己保持了整洁。”

这时，天黑了下来，孩子就跟着园丁来到了房子里面。在两人都进了房间以后，园丁突然把灯熄灭了。漆黑一片。他问那个孩子：“你能将黑暗拔除吗？”他又将灯打开了，然后继续说道：“战胜黑暗的唯一方法就是用灯光充满它。你无法驱逐黑暗或是与黑暗进行抗争。”

例如，你要跟你的恐惧相抗争，这也不会有什么效果。一个十分有效的对抗恐惧的方法恰恰是感激恐惧。如果你对未来感到恐惧和怀疑，不确定自己是否能做到，对前途失去信心，那么你不妨来试一试这个非常简单的小练习：写下 5 项你十分感激的东西。恐惧感就犹如黑暗，我们无法拔除或是驱逐它。但我们却可以像灯光一样，用感激之情“照耀”黑暗。

不花钱和存钱是两回事。这也同样适用于债务，与债务相斗争就犹如你想要铲除黑暗。正是如此，50/50 原则就十分重要了。**战胜债务的最佳方式就是积累财富**。

这个孩子第二天早上准备离开时，看到了第三个花园。他向这位友好的园丁打听，花园里面都是些什么。园丁回答道：“这个花园的主人是一名伟大的医生。花园里都是有毒植物，他从这些有毒植物中提取出药物。”

你也应该从自己的有毒处境中提取出药物：从你的处境中获得鼓舞。不要期盼轻松的处境，应该期盼更多的能力。不要期望你的问题消失，应该期望自己拥有处理问题的能力。压力也可能对你有益，压力能够阻止你浪费自己的潜能。现在你必须活跃起来，使自己拥有创造力，你必须采取创造性的行动。**压力对你来说，可以是毒药，也可以是良药**。这都是由你自己决定的。你如何定位自己？你是一位专业人士吗？专业人士是就算自己不认为自己是专业人士，也能够做到最好的人。更确切地说：每个人都可以处理好成功，但是处理好失败——就关系到许多事情了。债务不要紧，要紧的是我们处理债务的方式。

后退几步

与你的处境保持距离。不要过于认真地对待你的问题。如果你玩“大富翁”游戏输了，你并不会死。同样地，你也不会因为负债而死，所以也不要把负债看得过于严重。

我的上一位导师是一名亿万富翁，每当我必须做出一个困难的商业决策时，他总是对我说：“博多，跟着你的直觉走。你所做出的每一个决定，并不会比这个宇宙中一个屁更重要。”

你有过一些于己不利的信仰，于是，一个于己不利的处境也就随之产生。而现在，你已经用有利于致富的新信仰换掉了你的旧信仰。你开始积累财富。经历过这样的处境后，你也许会做一些你从来都没做过的事情。谁知道，从中能发展出什么呢？

本章要点

- 永远不要用短期解决方案来应对长期问题。
- 消费债会扼杀你的积极性和自信心。
- 我们的信仰决定我们是否会欠下债务。而我们可以随时改变自己的信仰。
- 将你的力量用在清偿债务上，而不要用在推卸责任上。不要指责任何人，包括你自己。
- 用你的债务让自己学会自律。如果你能改变自己的信仰，那么自律对你来说也会很容易。
- 将你的目标定得更高一些，因为你的期望能决定你将获得什么。
- 每个问题都手捧一份礼物来到我们的身边。问题是很有趣的。
- 财务压力对你来说可能是毒药，也可能是良药。这由你自己决定。
- 每一个人都可以处理好成功，但是处理好失败才是真正的艺术。
- 债务不要紧，要紧的我们处理债务的方式。

第七章

如何增加自己的收入

整天工作的人，没有时间来挣钱。

——约翰·D. 洛克菲勒

每个人获得的东西都恰好是他值得获得的东西。虽然我总听到有人抱怨："我远比我现在获得的东西有价值得多。"但这是错误的。正确的说法应该是：**如果你"值得"更多，那么你早该获得了**。

你的收入恰好体现你在经济市场中创造的价值。市场并不偏爱或讨厌你，它只会根据你的价值来付酬劳。需要注意的是，此处的价值并不是指你作为伴侣、朋友、父亲或母亲的价值，而仅仅指你所创造的经济价值。你并非一个被好运抛弃的、被众人低估的天才，你周围的环境、周围的人或愚昧无知的上级并没有与你作对。你值得拥有多少，这完全掌握在你自己手中。

你必须了解市场法则，你收入的高低取决于此。**你今**

天的收入就是你昨天所做之决定的结果，如果不理解这一点，你就不能说："现在我要另做选择。"作为自己人生的设计师，你的收入或加薪是由你自己创造的。不是你被加薪，而是你主动获得加薪。如果别人能够决定你的收入高低，那么他们也就拥有了操控你人生的权力。你（也只有你）能增加自己的收入。你个人对此负责，你个人就可以做出决定。

千年来，这些能让你增加收入的法则一直有效。无论是对雇员还是对企业家，它们同样适用。如果能在实践上运用这一章的内容，你就有能力在一年之内将收入增加至少 20%。

展示自己的强项

金钱和机遇并不会应需求而产生，而是应能力而产生。你不会因为自己需要更多金钱而获得加薪，你只会因为你所拥有的能力而获得加薪。

在这一点上，几乎所有关于加薪的讨论都完全走错了方向。员工"需求"先生，对他的老板"强势"先生说："我们家里又添了一个小孩，因此我们现在**需要**一所更大的公寓。此外，我们还**需要**一辆新车，否则我就没法上下班了……我**需要**加薪。""强势"老板不仅会拒绝他的加薪请求，还可能会决定，公司很快就不再**需要**“需求”先生做员工了。

如果你想要获得加薪，那么你得解释清楚，为什么你**值得**获得。好好地为加薪谈话提前做准备，将你能为公司创造的价值以及附加价值罗列出来。也将你的所有强项都写下来。提前告知老板你想和他进行加薪谈话。你得清楚，本次谈话的主要内容就是向老板解释你对公司的价值。如果你在此前没有过谈判经验，你应该先在镜子前或是与同伴进行排练。展示出自己的强项。这也同样适用于企业家。**永远不要将你对自己的怀疑告知任何人，**要展示自己的强项。人们不会追随一个自我怀疑的人，只会追随那些坚强不屈的、对目标坚定不移的人。你的强项往往会为你挣得更好的报酬。

你应该关心自己的义务，而非权利

如果将注意力过多地集中在你的权利上面，你就无法继续前行了。问一问自己，你能为公司做什么，而不是不停地考虑公司能为你做什么。一家总是企图实现其权利的公司，注定是要失败的。在一段关系中，如果每个人都只关注自身权利，那么这段关系注定是要灭亡的。约翰·费茨杰拉德·肯尼迪这样说过：“不要问你的国家能为你做什么，而要问你能为你的国家做什么。”原因可以从纯粹利己的方面出发：这样的观点能使你取得极大进步；你会挣得更多的钱；你会成长。你会感到更加满足，因为你做出了成绩，而非只是要求别人提供成果。

如果你得到8个小时的报酬，你应该工作10个小时

你的付出应该多于别人对你的期望。让你周围所有人都感到惊喜吧。超出别人对你的所有期望吧。

中学时期，我曾经于放假期间在一家公司工作过，公司里的老手曾经友善地向我透露过，他们发现了一些机会：员工可以在用餐休息前的18分钟就离开，然后休息结束后再晚9分钟回来；可以在卫生间里读20分钟报纸；如果某个员工需要去取材料，他就可以穿过咖啡厅来一次舒缓闲适的散步……总的来说，员工可以做到，得到8个小时的报酬，但是只用工作6个小时。

我建议你：如果你得到8个小时的报酬，你应该工作10个小时。为自己**挣得**更多的钱。培养能使你富裕起来的工作习惯。这与你为公司付出得“过多”并没有关系。**长时间用小火煮饭的人，他的火最终会完全熄灭**。即使你的雇主看不到你的努力，不愿酬报你的努力，但你还是获得了能引领你一直向前的东西：有助于你取得成功的工作习惯。

刻不容缓地去处理事情

如果说世上存在成功之终极秘密，那就是刻不容缓地去处理日常事务的能力。为自己确定一条指导原则：**尽可能快地着手去做**。把这当成一件有趣的事来做：用你快速的执行能力去震惊每一个人。让你的表走得快一些。也许你会说："如果我工作速度太快，我就会犯错误。"是的，做得多、做得快的人，会犯更多的错误。但是首先，好处是占主导地位的。其次，犯错也是对你有益处的。因为害怕犯错而不去采取行动的人，永远都无法做成大事。你不需要将事情做到完美的程度。**完美意味着停滞不前**。你需要的是追求卓越。害怕犯错的人总想将所有事都做得十全十美。不害怕犯错的人，会追求卓越。

问一问自己：我如何才能有卓越的成果呢？这取决于你自己。收到传真，请在 3 分钟之内回复对方。请马上给对方回拨电话。绝不要忍受拖延症。

能量贴士

刻不容缓地着手去做所有事情。

- 不要害怕犯错误。
- IBM 的创始人托马斯·约翰·沃森曾说过："在我的

公司里，想要出成绩，就必须犯下双倍的错误。”

• 犯错使人积累经验。经验帮助你快速做出正确决策。

• 学会去相信你的直觉。快速做出决策。

• 凭你的第一感觉做出反应。你会犯错，但你会做更多正确的事。

• 如果你做出的快速决策中有51%是正确的，你将变得富有。

世上不存在微不足道的小事

所有值得你去做的事情都值得你好好地去做。不管你是写一封信，打一通电话，还是将会议室的椅子摆正。世上不存在微不足道的小事。请你坚持付出100%的努力，说不定哪位亿万富翁在你做一件事时发现了你的闪光点，然后决定要让你当他公司的合伙人呢。

提醒一下：我并不是在暗示你应该把所有事情都做到完美的程度。完美意味着没有错误。害怕犯错只会使人不敢采取行动。你说出一家时刻要求完美的公司，我将向你展示这是一家停滞不前的公司。不，你应该追求卓越。你应该用十分特别的方式，出色地完成你的工作。因为只有卓越的成就才能使他人铭记于心。

使自己成为不可或缺的一员

承担你工作领域之外的责任。让自己受到关注。每家公司里都有一个或多个不可或缺的人。你应该成为不可或缺的人。并不是让你将所有工作揽到自己身上，你应该揽到自己身上的是责任。增强你的影响力，主动请缨完成某些任务，承担项目的管理工作，保持一种“我是公司一员”的态度。

此外，使自己在你所属的部门或公司成为非必要的一员。千万不要认为要把事情做好，你就必须亲力亲为。否则，你只会成为公司的奴隶。

请勇于承担责任，使自己成为不可或缺的一员；请勇于放弃和下放权力，使自己成为非必要的一员。

对自己进行深造

人类的大脑在进化时，首先产生的都是本能反应。战利品出现在眼前，人们马上开始战斗；遇到危险时，人们马上爬上树……我们开始认识环境并提前做出了计划，我们的祖先从不断迁徙变成拥有固定住所。今天播下种子，几个月后会收获，这是一个很重要的意识转变。进行一次为期三年的职业培训，进行四年到六年的大学学习，之后可以赚到更多的钱，也是同样的道理。

但是学业的完成并不是结束。现在才刚刚开始。遗憾的是，我们还没有将这样的认知贯穿于生活中的大多数领域。否则我们也不会做事只是三分钟热度了。连续 10 年的挥霍，会使人贫困潦倒。连续吃 10 年的巧克力，会使人变胖，使人生病。连续 10 年过度看电视，会使人变傻。一个 10 年不看电视，但每天花两个小时读有用的专业书籍的人，可能并不了解当前的德甲联赛赛况，但他会比那些每天看两三个小时电视的人平均多挣两到三倍的钱。

越有问题，越自告奋勇

想要挣更多金钱的人，不能回避问题。因此，我们得到的最好建议就是去战胜问题。分到困难的任务，你更应该自告奋勇。

让自己成为专家

做所有人都能做的事，这件事情的价值就犹如沙漠里的一粒沙。如果你在北海有一个海上钻井平台，现在着火了，你会给谁打电话？当然是瑞德·埃德尔[①]。几乎每个人都知道他。全世界也许有数以百万计的消防员，他们鲜为人知，但瑞德·埃德尔几乎家喻户晓。为什么？因为他属于专家级别。他只处理大型的油井火灾。

如果你做所有人都做的事情，那么你也只会拥有所有人都有的东西。仅仅确认你可以比任何人做得更好（即使这个认知是正确的），这是不够的，因为许多人都有这种感觉。如果你做所有人都做的事，你就必须自己去寻找客户。如果你在市场上将自己定位为专家，客户就会主动来找你。关键不在于你的更胜一筹，而在于你的**与众不同**。

为了成为专家，你都做了些什么？你的决定是不是向着这个目标看齐的——今年挣到足够多的钱，几年之后就“自动地”登上专家位置？还是说，你是有目标地向着你的专家位置奋斗的？

这首先取决于你的自我认知。你所有的决定都应该向着这个目标看齐——3年后成为你所在领域的专家。你不应该围绕已有的客户来建立业务，而应该围绕你想要发展的客户来建立业务。

你的愿景起决定性作用。也许你是一名医生，你的目标是使自己的名声超越米勒－沃尔法特医生。突然，你接到了外交部长的电话，他告知你，你现在已经名扬四海，如果你

① 瑞德·埃德尔（1915~2004），美国著名油井消防员。——译者注

愿意担任内阁卫生部部长，总理先生将感到不胜荣幸。参考“当权力召唤你时，过分的谦虚会使你后悔”这条座右铭，你应该答应下来。现在你的愿景一下子发生了改变。你是否认为新的愿景会对你的生活产生巨大的影响？你现在是否对一份报纸（也许会对别的报纸）及其报道产生不同的看法？

在外交部长来电之前发展你的愿景，是一门艺术。找出你的热情和天赋所在，3 年以后，你可以成为哪一个领域的专家。之后再坚持不懈地向着这一专家目标而奋斗。

如果自身不改变，任何事都不会有所改变

如果想要事情向着利于你的方向去改变，那么首先你自己必须改变。如果你想要在 3 年、5 年或者 7 年内做一些不同于今日的事情，那么你就必须为这一改变进行准备并促进改变的发生。你自己决定，是否 7 年后还想过一成不变的生活，得到一成不变的结果，周围人对你的关注度也一成不变……

你想要做什么？你不可能在某一天早上醒来，阅读晨报时，就读到你一夜之间成为专家了。一个人会成为一个什么样的专家，取决于他为自己塑造了一个什么样的专家角色。如果你想让事物发生变化，那就从你每天的工作安排中抽出一段时间。预留一段时间来将自己锻炼成专家。以继续深造的方式来为成为专家做好准备。确定你想成为的特殊的目标群体，寻找通道将自己“打入”你的目标群体中去，努力付

出，为专业期刊写文章……

如果想让事物向着利于你的方向发展，那么首先你自己必须变得更好。

关于如何更快地成为专家，告诉你一个我迄今为止发现的最佳技巧。你今天就写一个整版广告，将自己宣传为一名专家，介绍你的优质服务或者你的产品。这样做有几个优点：

1. 这促使你从客户的角度出发去考虑每一个长处。

2. 你可以更加明确地专注于重要事务。

3. 在写草案时，你也许就能确定你不喜欢这一领域。那么你就可以及早改变想法，避免浪费时间和精力。

4. 实现专家目标的每一步都会更加清晰地展现在你的眼前，你也可以更为精确地定位你的目标群体。

5. 你会知道如何最大化地满足客户需求，不停地问自己对客户最有用处的是什么。

6. 整个过程会极大地加快进程。你可以马上就开始。

能量贴士

让自己成为专家。找到一个还没有专家的领域，或者自己创造一个新领域。

• 你应该改变你的愿景，使你能主导自己的选择。

• 你不应该以自己当前的状况为导向，而应该以你想要获得的状况为导向。

• 目标使人充满创造性。在你“见过伟大的幻象”之后，你会突然明白哪一块拼图应该放在哪里。

• 如果你的目标群体是普通人，你的商品必须尽可能便宜。如果你的目标群体限定为“小范围”人群，你可以把成果的价格定得更高一些。

• 如果你是专家，客户就会主动上门找你。

• 成为专家并不难。通常情况下，专家都是业余人士评选出来的。

个体经营者和雇员一样挣工资

你是否准备好在当好雇员的同时也能当好一名领导，这将极大影响你作为一名个体经营者是否能取得成功。也就是说，作为一名个体经营者，你必须自己从公司账户给你的个人账户发工资。这也意味着，你将公司财务和个人财务严格地区分开来。每个月，你发给自己一笔数额相等的工资。如果你不这样做，通常会出现以下可能性。

“逍遥者”西格弗里德每月收入 3 000~12 000 欧元。他购买任何他能买得起的东西。在淡季时，他必须借助小额贷款才能维持自己大约 6 000 欧元的生活水平。在旺季时，他会奖励自己，因为工作很辛苦。

“逍遥者”西格弗里德一年中，有 6 个月平均每月能挣到

8 000 欧元，生活富足。在另外 6 个月里，他平均每月只能挣到 3 500 欧元，生活也还不错。西格弗里德先生毕竟不是一般人。他不想“亏待自己”，他贷了 15 000 欧元。以他的收入情况，这个贷款并不是问题，15 000 欧元也只是一笔“完全可控”的金额。此外，他还是一个积极乐观的人。

在接下来的两年半里，“逍遥者”西格弗里德精心地打理自己的生活。他的债务现在已经涨到“可控”的 30 000 欧元了。他没有将租赁汽车的费用计算在内，因为这带来了“税收优惠”。第一年的税费对他来说不算问题，因为他可以做一个“亏损情况”说明。然而第二年，他必须支付 6 000 欧元税费，收入将会下降。在归还汽车时，他必须支付租赁公司 4 350 欧元。

对此有所准备之前，他已经背上 50 000 欧元的债务，每月偿还 1 500 欧元。目前，出于一些“不可预见的原因”，他的收入还是 3 200 欧元。第三年的税费、预缴税和一些旧的账单陆续出现……“逍遥者”西格弗里德痛苦地意识到，所有的乐观主义者，都“错误地描述了现实”。生活实际上是困难和残酷的。显而易见，西格弗里德先生的这个新观点对他的收入有负面影响。

其实这也很简单：如果“逍遥者”西格弗里德每个月自己给自己发 3 200 欧元的工资，他应该生活富足，而且每年大约能存下 30 000 欧元。连续 3 年之后，他在税后就应该有超过 65 000 欧元的存款。65 000 欧元每年会为他带来 7 800 欧元的利息（年利率 12%）。他的动力强大，收入也会提高。

他也能计算出，如果他每年比现在多挣10%，他在7年之内就会富裕起来。

因此我有一个建议：以你的最低收益额为基准，自己给自己发一份固定工资。

能量贴士

如果你是个体经营者，自己给自己发一份固定工资。

• 习惯于每个月使用固定的金额来生活。

• 将个人财务和公司财务严格分开。

• 建立存款。这样你才会知道自己为什么而工作，使你的动力变得强大。动力的强大使你的收入得以增加。

• 两年内你就能有12个月的财务保障。那时候，只要你愿意，你就可以一年时间都不工作，仅靠存款生活了。你是自由的。

• 只要7~10年，你就可以实现财务安全。你的“鹅”已经长大了。你每月会有大约5 000欧元的利息。

• 你不再继续工作，因为你不必工作了。如果你继续工作，也只是因为你想要尽情感受自己的兴趣爱好。

个体经营者必须积累财富

也许你试图将所有的钱都投进公司。这是个体经营者最常见的错误。在你的公司**之外**，你没有再积累其他的财富。这样一来，你就使自己的个人幸福全都取决于公司的成功，指望公司在未来某一时刻卖个好价钱。

如果你真的想往公司里投很多钱，那么你应该明智地使用 O.P.M.（其他人的钱）。去贷款吧，尽可能多地去筹备金钱。因为你不知道你需要多少钱，而且你早晚也要用到更多的钱。

这种情况下，适用的准则恰好和消费债的准则相反。再说一遍：千万不要去欠下消费债，但是可以使用别人的钱来建立和扩大你的公司。因为这样做有一个积极的影响。你的投资会提升你的营业额，你的企业价值会提升，同时，由于通货膨胀，你需要偿还的贷款在贬值。举个例子，如果你真的能够使用贷款进行有效投资，让你的营业额每年提升 12%，那么你在 6 年内就可以使你的营业额翻一番。假设同一时间通货膨胀使你的贷款每年“实际”贬值 5%，7 年后，贷款（含利息）的实际价值只相当于你贷款时的 69.8% 了。

出于这一原因，个体经营者总会听到这样的建议：把钱从公司里撤出来并以个人名义投资。如果有必要，你可以将这些私人存款作为担保，获得 O.P.M.。大多情况下，这都是完全没有必要的。因此，将你的钱定期从公司中撤出来，使用别人的钱来进行投资。

如何分析你的收入

如果一名运动员想要提升成绩，他就会将自己的成绩拆分为单个的板块，比如爆发力、身体素质、弹跳力、肌肉强度、柔韧性、姿势、技术和速度。接下来对每一个板块进行特殊分析，制订相应的训练计划。同样地，我们也想将同样的方法运用到你的收入中。先对你的收入做一个“诊断”，之后开一个“药方”。

请阅读以下的内容，为自己打分，打分区间为1分（差）~10分（优）。

能力

你在自己的专业领域是一个什么水平？你有没有将自己定位为专家？你了解自己的专业领域吗？你是否已为自己建立起能提升你知识和能力的导师及专家团队？你在个人专业领域之外是否还继续深造？你的个人能力是否和你的专业技能共同成长？你了解成功的法则吗，是否运用了成功的法则？你具备领导资质吗？同你所在领域的优秀人士相比，你的能力如何？

你的自我评价：________分（最高10分）

精力

你准备将多少精力投入专业技能的提升中去？你实际投入了多少精力？你还有多少能量？你能否将精力集中起来，全身心做某件事情？对于你现在所做的事情，你的热情和激情有多大？你热爱你的工作吗？从长远来看，你在将来需要更多的精力，你是否仍然为自己的健康、运动、家庭和持续学习以及成长而投入时间？

你的自我评价：________分（最高 10 分）

影响力 / 知名度

你是否知道这是你的收入板块中最重要的板块？影响力是最强大的乘数。你的产品 / 你的服务受众面有多广？网球运动员鲍里斯 · 贝克尔能挣钱，因为他很优秀，而且付出巨大的努力。但是，他挣到大笔的钱，还是源于成千上万的观众观看他的比赛。知识、技术、产品在当今社会比比皆是。你能否利用你的产品挣到钱，取决于有多少人知道。注意：本条评价满分 100 分。

你的自我评价：__________分（最高 100 分）

自我评价

你是否知道感知即现实？你推销自己的技巧如何？你对自

己的举止有多自信？你的自信有多强？你是否认为自己出类拔萃、鹤立鸡群？你是否能很好地表现自己？别人是否认为你是一名专家？是否有人因为你优秀而愿意无偿地为你服务？别人是否认为认识你是莫大的荣幸？你能准确定位自己吗？

你的自我评价：__________分（最高 10 分）

创意

你具有创造力吗？你是否易于接受新事物？你是否坚持自己的目标，同时准备不断尝试实现目标的新方法？你是否灵活变通？你会把自己的灵感马上写下来吗？你相信自己的灵感并将它付诸实施吗？你个人的创意工厂发展壮大了吗？你是否不断问自己，“这个创意如何才能切合我的情况”，“我如何才能快速采取行动”。你相信每一个你需要的信息和解决方法，都可以被找出来？你相信要得到这些信息，你就必须不断发展新的创意吗？

你的自我评价：________分（最高 10 分）

要算出总分，用所得分数相乘再除以二就可以了。最高分为 500 000 分【（10 × 10 × 100 × 10 × 10）÷ 2=x】。

举个例子：你的能力得了 5 分，精力得了 10 分，影响力得了 3 分，自我评价得了 6 分，创意也是 6 分。算出来的结果就是 2 700 分（与你每月的欧元收入相同）。但假如你在影响力板块得到了 30 分，那么你就有 27 000 分（欧元 / 月）。

你的总分：__________分

也许你现在已经清楚了，你有哪些板块需要加强。我也可以给你几个启发，但是接下来的工作还是得你自己来做。

你如何改善每个收入板块

能力

前面提出的问题肯定已经为你给出许多建议了。请你阅读商业书籍和其他出版物，多了解一下其他国家。如果你还不会说外语，那么从现在开始学习。这里所说的学习远远超越专业工作领域。这种持续学习使你成长为一个成熟完整的人，发展出能吸引成功的个性。

我认为，对于我们的专家能力以及作为人的能力，最大的影响来自我们的周围环境。**如果周围是比我们“更优秀”的人，我们就会变得更优秀；如果周围是“缺乏动力”的人，我们就会停滞不前**。

婴儿时期我们最佳的学习方式就是通过潜意识来观察和模仿。同样地，这在现在对我们来说，仍然是最佳的学习方式。我们**需要**周围人的存在，以便观察和学习。因此我已经习惯每个月至少认识一位有趣的新朋友，他们在某一领域比我成功。

花点时间想一想，想要获得更多的专家能力和个人能力，你在 72 小时之内具体能做些什么。

精力

由于愚蠢的、自我摧毁的生活方式，我们通常会堵塞自己的精力。大多数人低估了这一危害。如果你卧病在床，你是无法早上醒来就妄图征服世界的。如果你过着健康的生活，你就会发现：**你消耗的精力越多，你的精力就越多**。

精力就是生命。精力也绝非是偶然得来的。我在这里并不是想要写一本健康养生的书籍。但是，如果你想要增加自身收入，你就得考虑一下，你如何使自己感觉精力旺盛。

你可以采取哪些具体步骤，以获得更多的精力？

影响力 / 知名度

你必须竭尽所能使别人知道你的产品或你的名字。你可以去期刊专栏发表文章，你可以去参加脱口秀，你可以聘请一个好的公关代理，你可以发送直接邮件。

同其他地区经销商订立合作协议。如果你到伦敦找我的裁缝，他就会马上给你推荐一名衬衫裁缝，一家定制鞋店，以及他最喜欢的餐馆……

你可以举办一些活动，邀请你的潜在客户和合作伙伴共同参加。

不管做什么，花多少时间做，都无所谓。你应该花更多的时间，来营销和扩大你个人或你的产品的知名度。你应该竭尽所能地去获取关注度。

不要忘了：优秀的专家和良好的信息在当今比比皆是。仅仅只是优秀还不够，还得让别人知道你独特的能力。获得别人的关注，这就是你的任务。

想要提高知名度，你能做些什么？

____

____

自我评价

一般情况下，人们只能想象比当前工资多 100% 是什么样。也就是你现在工资的两倍。更大的收入增长会被大多数人认为是无法想象的，他们因此会衍生出一种不自信的感觉。归根结底，这就是一个自我评价的问题。提高自我评价，收入也会增加。

自我推销的能力和技巧也在自我评价的范畴之内。如果你没有销售经验，我建议你阅读几本好的销售书籍，花一年时间销售商品。“在业务范围还小的时候，工作量会很大”，这句话是有道理的。也许你可以从中发掘出自己的热情。无论如何，你学会了推销自己。

要提升自我评价，更好地推销自己，你能做些什么？

创意

最好的创意都出现于开车时、散步时、运动时或半睡半醒时。这时我们就需要一个笔记本或是一个录音机，将这些想法记录下来，否则，之后很可能再也想不起来。我为自己准备了一个创意笔记本，把所有的创意都收录进去。大多数的创意，我可能永远都实现不了，但这样的方法使我的创意工厂保持高速运转。

拿破仑·希尔曾说过：“每一家企业，每一项伟大的成功都开始于一个创意。”如果我们的创意很好，那么金钱就会从别处流入我们的生活中来。仅仅一个创意就有可能价值百万。

想使你的创意工厂保持高速运转，你能做些什么？

你看到了，你的收入并不由你的老板或市场专断决定。想要增加收入，你需要思考，找出公式里自己最大的弱点所在。好好研究。寻找解决方案。但也请记住，影响力是最强的杠杆。

如果你持续改进这 5 个板块，我可以向你保证，你在一年内就可以将收入提升 20%，甚至也许更多。

寻找其他收入来源

一方面，你不能分散自己的精力，因为集中精力才拥有力量。另一方面，你又必须注意抓住这其中的良机。

如何解决这一矛盾呢？非常简单。只要你还没达到预期收入水平，你就应该将精力集中在这一件事情之上。只管将预期收入定得高一些。因困难而转向一个新的目标，以此方式来逃离，是没有任何意义的。

如果你学会了如何挣得很多的金钱，那么你在其他领域同样能取得成功。那么你如何找到这些机会呢？在哪里找到这些机会呢？最重要的是，你得知道，你的收入就是进入你生活中的金钱。

请做一个小练习：看一看你现在所处的房间。试着去记住 10 件红色的物体。你找出 10 件红色物体了吗？好了。那现在请阅读下一项任务，接下来请不要再四处张望，快速闭上眼睛，请说出 6 件蓝色的物体。

我们都倾向于只看我们关注的东西。而好的增加收入的机会可能存在于我们当前的事务范围之外。

4 种收入来源

原则上来说，我们获得的收入都来自于我们为市场创造的价值。价值有以下 4 种：

- 产品价值
- 知识价值
- 服务价值
- 创意价值

你能通过这些价值中的哪一种赚到钱？你如何营销你的知识？你如何将创意转换成金钱？你可以提供哪一种产品？记住，收入的范围涵盖所有进入我们生活的金钱。还有人欠你钱吗？你现有的哪些东西能卖钱？好好想一想！

要求回报

有的人有时候创造了价值，却不要求回报，你属于这类人吗？请记住：要求回报通常都是一个自我评价的问题。只要你创造了价值，你就天经地义地应该获得报酬。你是否将自己的服务视为是有价值的，取决于你如何评估自己的价值。如果同样一个有价值的服务，专家收费很高，而你分文不取，那么唯一的原因就是你缺乏自信。专家意识到了自己的价值，而你没有。

我想对此进行明确的说明：你自己负责你的生活质量。

因此，赚钱是你的责任。也正因为此，你必须要求回报，这一态度至少要维持到你实现财务自由之后。

你看见了，成功更多的是一种态度，而非能力。努力发展相信自己是有价值的人的观念。记录自己的成功日记本。

将精力集中在收入丰厚的活动上

这十分简单。将你的时间只花在能够获得丰厚收入的活动之上。将你所在领域的此类活动清晰地总结出来。许多人有能力做你在做的大部分工作，但是只有很少一部分人懂得（几乎）只专注于从事收入丰厚的活动。

你会发现，从事收入丰厚的活动，满足感会更高。虽然做其他的工作更容易，但是你别忘了，你的收入水平很大程度上取决于你能做那些别人不能做的事情。

“尽快”这条法则同样适用于此。不要等到自己能力足够了才去做。尽快放权。放权那些别人都能做的事情，把空出来的时间集中用在收入丰厚的活动上。放权其他无用的事情，将时间用来定位自己。在同等时间内，只要你挣到的钱比付给助你做事的人要多，账单就永远不会来烦你。

大多数公司都想先成长起来，这样才有钱聘请自己所需的员工。而正确的做法是：尽快聘请这些人，以帮助公司更快地成长。

问一问自己：你的哪些工作是别人能做的？谁能做？

收入并不意味着财富

许多人不知道财富是什么：收入丰厚并不意味着财富。一般而言，我们的生活水平是随着收入而提高的。我们只是“需要”更多。奇怪的是，我们需要的往往都和我们挣到的一样多。

我们不能混淆“需要”和“希望”。

就连古老的巴比伦人都知道：“你所谓的‘必要支出’总会增长到你现在的收入水平。”

当你能够靠自己的资产生活，不必再继续工作，你才称得上富裕：这时，金钱为你而工作。你变得富裕，不是因为你挣到的钱，而是因为你存下来的钱。自己想拥有一台赚钱机器，还是当一台赚钱机器，两者的区别在于储蓄。关于这一点，在下一章中有详细的说明。

永不止步……

不要停止增加收入，除非你积累了足够的资产，可以仅靠利息生活。

当然我们也要有休息的时间。我已经习惯在每一次实现小目标后奖励自己。我一周工作 6 天，有 1 天休息时间。我一年中休假 4 次，其中一次长达 3 个星期。我发现在休假后我可以把工作做得更好，我会更加全神贯注、精力充沛。此外，我也充分利用自己的假期。我每年大约读 150 本书，其中有 50 本都是在假期中阅读的。在圣诞假期时，我会总结过去的一年并规划新的一年。对于生活的每一个领域，我都会确立目标，并写下我要确立这些目标的原因。不仅如此，我的认识笔记主要也是在休假期间写的。在这本笔记中，我记录的是我所学到的东西。这样一来，每一次的失败都会成为教训。为了保证不会再犯同样的错误，我把它们全都记录下来。假期对我来说是一段美好的时光，可以完全脱离自己的日常事务，将时间花在伴侣和自己身上。当我再度回到家里，我更加清楚地知道我做这一切是为了什么。我再度将精力更多地集中在目标上而非方式上。这是上述所言如果我一年休假 4 次，我工作更加有成效的其中几个原因。

为了防止自己筋疲力尽，你要安排休息时间，但在财务自由之前，千万不要停止积累财富。世上没有比推动一个停下来的火车更难的事了，但是要使一个全速运行的火车停下来，也同样困难。你不必一直奋力直冲，但是你也应该尽可能不要停下来，直到你仅靠利息就能生活。

那时你就不必再工作了。但是你又为什么要停止做让你感到快乐的事呢？如果你不必再工作，而只是做使你快乐的事情，你知道这时会发生什么吗？这时，一切才刚刚开始。

本章要点

- 每个人都会获得他应得的。你值得拥有多少，这完全掌握在你自己手中。
- 你不会因为自己需要更多就得到更多，而是因为你值得更多。你应该关心自己的义务，而非关心自己的权利。
- 你的付出，应该大于别人对你的期望。让你周围所有人都感到惊喜吧，超出别人对你的所有期望吧。优秀还不够，追求卓越吧。
- 请勇于承担责任，使自己成为不可或缺的一员；请勇于放弃和下放权力，使自己成为非必要的一员。
- 想要挣得更多的人，需要一张长长的问题清单。
- 做所有人都能做的事情，这件事情的价值就犹如沙漠里的一粒沙。你不必做得更好，但要更独特。找出你的优势。
- 你的收入同你的自信并肩成长。
- 你的收入由以下板块组成：能力、精力、影响力、自我评价/自我推销和创意。
- 花更多的时间来营销和提高个人（或产品的）影响力。
- 将精力放在能够为你带来收益的活动上。问一问自己：我是否必须做这件事，或者是否别人也能做到。

第八章

储蓄——支付自己

既花钱又存钱的人，是最满足的人，因为他享受到了两者的乐趣。

——塞缪尔·约翰逊

一天，一位贫穷的农夫走进他的粮仓，在鹅舍里他发现了一枚金蛋。他的第一个想法是："一定是有人在跟我开玩笑。"但是为了进一步确认，他还是拿着这枚蛋去找了金匠。金匠检查后告诉农夫："100% 是金子，至纯的金子。"农夫将金蛋卖掉，带着一大袋钱回家了。晚上，他举办了一个大型的庆祝会。黎明时，全家人都起床了，想看看鹅会不会又下金蛋。结果真的又有一枚金蛋躺在鹅舍里。从那时起，农夫每天早上都会找到一枚金蛋，他将金蛋卖掉，在很短时间内变得富有。

但是农夫是一个贪得无厌的人。他问自己，为什么我的鹅只下一枚金蛋呢？他也迫切地想知道，这个动物是如何下出金蛋来的。他变得越来越急躁。最终他走进鹅舍，用一把大砍刀将鹅砍成了两半。而他所看见到的所有东西，仅仅是一个尚未成形的金蛋。这个故事的寓意是：不要杀死你的“鹅”。

大多数人不是以同样方式处理的吗？“鹅”代表资本，金蛋代表利息。没有资本就没有利息。大多数人将自己所有的钱花出去，因此他们无法饲养自己的“鹅”。他们杀掉了自己幼小的“鹅”，在“鹅”有能力生金蛋之前。

如果你没有“鹅”或赚钱机器，那么不管你赚多少钱，你只是一台赚钱机器。多收入少支出，这句话听起来并不惊人。但是你会发现，储蓄非常有趣，而且是有意义的。

4 个不储蓄的理由

储蓄的理由很充分。但是对此，大多数人都有 4 条理由来反驳：

1. 他们认为，自己在将来会挣很多钱，所以现在不用储蓄。

2. 他们现在想要享受生活，他们认为储蓄很困难，储蓄意味限制自己。

3. 他们不认为储蓄很重要，他们觉得自己无法改变这种观点。

4. 他们认为储蓄一无是处（低利率、通货膨胀）。

我们来研究研究这 4 条理由，你会发现实际情况与你的想法截然不同。阅读这 4 个句子，来看看正确的理解是什么：

1. 是储蓄而非收入，使你变得富有。

2. 储蓄使人快乐，储蓄易如反掌——对每个人来说。

3. 你可以随时改变你关于储蓄的信仰和观念。

4. 储蓄使你成为百万富翁。纵观 10 年，你每年平均得到 12% 或更多的利息。甚至连通货膨胀都是有利于你的。

难以相信吧？如果你知道这 4 个说法是多么真实的话，你一定会激动万分的。我们现在就逐个来分析一下吧。

使你变得富有的是储蓄而非收入

没有人能仅仅通过挣很多钱就变得富有。财富产生于你对金钱的留存。许多人都有一条不理智的期望："等我挣到足够多的钱，一切都会好转起来。"然而实际上，生活水平是随着收入的增加而提高的。你的需求往往总是与你所拥有的一样多。更进一步地说，事实就是：不储蓄就只能负债。

我的第一位教练是一名成功人士，我十分喜欢和钦佩他。我也真的很幸运，因为他主动提出亲自指导我。然而，他要求我存下自己收入的 50%。不可能，我这样想。我跟他说，其实我需要用 100% 的钱，所以不能存钱，有的时候 100% 的收入都不足以满足我的必要支出。

此外，我还是一名乐观主义者。我真的相信，一旦我赚了很多钱，一切都会好起来的。但我后来意识到，这其实是一个愚蠢的希望。如果我们不去改变自己，什么都不会改变。

财富会主动来到我们身边，我们不必改变自己现有的金钱观，这样的想法是大错特错的。这意味着拒绝承担责任。这就像说："我现在可以使用不当的方式对待金钱，因为以后当我挣到很多钱，就又能使一切恢复正常。我将来反正都会畅游钱海，现在何必要在金钱方面克扣自己呢？"

对于你无法实现的事情，你的收入就是魔法公式，使你富有吗？相信我：这并不会成为现实。它终究也只是一个希望。

你真的可以挣到你想要的那么多金钱，而你的财务状况不会发生改变。这样的人我认识成百上千个，他们的月薪达到 25 000 欧元，甚至更多，而他们除了债务，一无所有。为什么收入增加，而财务状况不变？因为有两个因素仍然保持不变：净收入的储蓄百分比和你自己。

如果你现在挣的钱不够用，那么就算你挣双倍的钱，还是不够用。因为储蓄百分比没有变。

如果你今天挣 1 000 欧元，将 10% 存起来，也就是 100 欧元。而如果你挣 12 000 欧元，要存下同样的 10%（也就是 1 200 欧元）就困难得多，因为数额大很多。因此，在收入低微的情况下，储蓄反而更容易一些。相对而言，省下 100 欧元比省下 1 200 欧元容易一些。总量越大，相同百分比的数额就越大。

所以，你应该**现在**就开始储蓄。同理而言，不管处于什么样的困境，你的处境永远都不可能比今天更轻松。今天就开始存下你净收入的 10% 吧。

因此，尽早开始储蓄吧。如果你现在 18~20 岁，还和父母生活在一起，现在就是最佳时机。你以后的处境再也不会比现在更轻松了。你以后还有什么时候能有这么低的消费呢？即使你必须“上交”一部分钱，这与你搬出去要花费的钱也无法相比。你再也不会遇到这样好的机会了。所以，能存多少就存多少。

大多数人即使挣到更多的钱，也不改变自己的财务习惯

基本的观念几乎不会改变（除非你有意识地去改变自己的信仰）。有一种观点会阻碍我们存钱，那就是：“我需要它。”你肯定还记得这句话：“你不能把自己的‘必要支出’和希望混为一谈。这个被我们称为必要支出的东西，会随着我们每一次收入的增加而水涨船高。”

针对一项非必要的金钱支出，最愚蠢的辩解便是：“我需要它。我一定要买下它。”我们真正需要的东西其实是少之又少的。我们只是为了对自己的消费行为进行辩解，所以这样声称而已。**想让事物向着有利于我们的方向发展，首先我们自己必须变得更好**。

节俭是富人的美德

约翰·邓普顿勋爵19岁时，与妻子共同决定，存下每月收入的50%。他说，这在某些月份非常难以实现，尤其在他的佣金收入特别低的时候。

后来，他成了亿万富翁和世界上最受人尊敬的基金经理之一。今天，他说，关键性的时刻是那些他挣得太少几乎无法存下50%的月份。

沃伦·巴菲特是美国最富有的人之一。早在1993年,《福布斯》杂志估算他的财产就已达到170亿美元。他是如何变得如此富有的呢？他的秘诀就是：储蓄，投资；继续储蓄，继续投资。

沃伦·巴菲特起初是一个报童——早早开始存钱。他存下他能省下来的每一美元。他几乎不买任何东西，因为他不认为自己应该支出这些钱。他关心的总是自己在未来拥有的财富。

他不买汽车。不是汽车要花费10 000美元，而是因为这10 000美元在20年后的价值。

也许你会说：无聊至极。但是你已经知道，一件事情是有趣还是无聊，只是一个信念问题。如果你在40年前将这10 000美元交给沃伦·巴菲特去投资，今天就会变成一点也不无聊的8 000万美元。

你知道，下面这几位公司创始人有什么共同点吗？他们是维尔纳·冯·西门子，罗伯特·博世，费迪南德·保时捷，戈特利布·戴姆勒，亚当·欧宝，卡尔·奔驰，弗里茨·汉高，海因茨·利多富，约翰－雅各布斯，亨利·雀巢，鲁道夫·卡尔施泰特，约瑟夫·耐克曼，莱因哈特·曼内斯曼，弗里德里希·克虏伯，以及阿尔迪兄弟。他们节俭，节俭，再节俭。他们花费的金钱，比自己的收入少，明智地选择了投资。节俭肯定不是他们富裕的唯一原因，但明显是一个前提条件，没有这一基础，富裕是没有指望的。你绝对找不出不节俭的公司创始人。

许多企业家都曾破产

也许你会说，你经常听到一些企业家破产的消息。对，但是他们没有消费债，生活也不奢侈。他们其实很节俭。他们破产不是因为他们私下里不节俭，而是因为一些不利情况或投资失败。

因为节俭和他们的企业家精神，他们渡过了这些危机。他们通常可以在几年时间里保持最低的支出水平。他们几乎不为自己花任何钱，他们能够忍受个人生活的简朴。

他们在某些方面节俭至极，以至于许多人会惊愕地大叫："这不适合我。我不能，也不想这样！"但请记住：**成功者准备好了去做大多数失败者拒绝去做的事情**。大多数人都拒绝储蓄。他们想要享受当下。很早以前，歌德就已经注意到这一现象："每个人都想要当一个什么样的人，却没有人愿意成为一个什么样的人。"

伟大的企业家都想变得富有。他们献身于这一目标，其他任何事都次之。他们不做任何事来显得自己很有钱。外表对他们来说是无关紧要的。他们想要成为有所作为的人，因此节俭。

也许你属于这一类人，这类人会说："我是个例外。我可以花掉100%的钱，但我仍然可以变得富有。"我想说也有这种可能。因为的确会有一些让人难以置信和莫名其妙的事发生。

不过数据统计并不站在你那边。而且直接改变你的信仰可能会简单得多：储蓄真的不是那么困难。

储蓄使人快乐，储蓄易如反掌——对每个人来说

你选择享受生活的时间，就是你开始储蓄的时间。但是不要再尝试之前失败过多次的方式。

大多数人储蓄的方式都错了。他们使自身处境变得艰难。他们试着紧缩整个月的开支。他们在这里抠一点，在那里省一些。尽管如此，一个月通常也剩不下什么。或者突然冒出来一笔意料之外的修理费，或是一张忘记支付的账单。

也许你曾经从另一个角度看待这种现象。其实你一直在付钱给别人，却从来没有为自己付过钱。买面包的时候付钱给面包师，支付利息时付钱给银行，买肉时付钱给肉铺老板，剪头发时付钱给理发师。

那你什么时候才付钱给自己呢？你在自己的生活中，至少应该和你的面包师、银行家、肉铺老板和理发师同等重要才对。

储蓄意味着支付自己

你应该付钱给自己，而且应该首先付钱给自己！我的建议是：自己给自己发薪水。将每月收入的 10% 存入一个独立账户中。这 10% 会让你变得安乐富足。余下的 90% 用于支付其他开支。

你会惊讶地发现：**使用收入的 90% 生活，与使用 100% 相比，其实没有什么区别**。你丝毫不会惦记那 10% 的资金。

也许你觉得这难以置信。但如果你躬行实践，你会感到吃惊。如果你还没有进行尝试，永远不要说它不可行。

千万不要把你现有的储蓄计划和人寿保险算进这 10% 之内。人寿保险可帮助你支付两类重要的款项：保险费用和养老保险。这两者对我们大多数人来说，都是必不可缺的。储蓄计划可帮助你置办一些中期消费品，例如新车、家具或一场旅行。

投入 10% 的收入饲养你的“鹅”

千万不能动用那 10% 的存款。你可以用这 10% 的存款“饲养”一只下金蛋的鹅。10% 的存款可使你生活富足。你很快就会发现，这 10% 的存款足以使你富裕起来，甚至你不用工作仅靠利息即可生活。

使用收入的 90% 生活，和使用 100% 相比，没什么区别。你难以相信这一说法。你的反应和我讲座课上的学生一样。而当他们尝试过我的方法之后，我得到了如下反馈：“我从来不认为这种方法具备可行性。但当我坚持几个月之后，我就完全忘记那 10% 的资金了。那 10% 便可以使我富裕，这个认知真是让人兴奋。”

能量贴士

你应该首先支付自己。在月初将收入的 10% 存入一个独立账户中。

• 为自己设立一个“鹅”账户。在常用账户下开通一个长期划付委托业务，每月初将工资收入的 10% 转入“鹅”账户中。

• 千万不要动用“鹅”账户中的存款。

• 根据你从本书中学到的原则来管理“鹅”账户的资金。

• 随着“鹅”账户资金的增长，你在生活中会更有乐趣、更加自信。

• 设立“鹅”账户对于增强自律而言，是一种简单有效的方法。

加薪时你会怎么做

也许以前你的薪水不如现在高。回想一下你当初培训阶段的工资。当初那么少的开支你还是过来了。你第一份工作的薪金如何？一般情况下我们的薪水会不断提高，开支也随着薪金水涨船高，最终将挣的钱花光。我们的生活水平也总是随着收入的增加而提高。

关于如何避免这种情况，这里有一个建议：从每次加薪中提取 50% 存入你的“鹅”账户中。因为你已习惯于当前收入的生活方式，拿出加薪的 50% 对你而言并不困难。使用这种方法会使你慢慢地习惯只有 50% 的加薪，另外 50% 便转入“鹅”账户中。

举个例子，你当前每月净收入为 3 000 欧元，你现在开始每月初给自己发工资，将 10%，也就是 300 欧元，转入你的“鹅”账户中去。

如果现在薪水涨了 600 欧元，你将加薪的 50%，也就是 300 欧元，转入“鹅”账户中。这样一来，你同时将你的存款率提升了 100%。

为什么储蓄计划失败了

为什么大多数人没能实现自己的储蓄计划，这里有两个关键性的原因：

首先，花销超标。出于这个原因，你只需从你现有的薪资中提取10%存下来就可以了。这10%你根本不会察觉出来。相比较而言，15%或20%对你而言分量就太重了。如果你之前就已经有一个储蓄标准，那么你可以考虑存下20%。

其次，大多数的人都只想将月末剩下的钱存起来。那一般都不会很多。因此，你今后应该在月初首先支付自己。

能量贴士

从每次加薪中提取50%存入你的“鹅”账户中。这样，你的生活水平就不会提升很快。

- 每一次加薪都能促使你的“鹅”加快成长。
- 你知道自己为什么而工作。你向你的潜意识表明了你有良好的理财能力。
- 每一次加薪都使你更加接近自己的长远目标。
- 作为一名个体经营者，你集老板和雇员于一身。定期给自己加薪。
- 这50%绝不会对你造成影响，因为你还没有习惯加薪后的生活。

你可以随时改变你关于储蓄的信仰和观念

对于储蓄这件事，很多人都缺少起促进作用的信仰。举几个例子：

• 我没有能力约束自己储蓄。

• 储蓄只适合于那些一无是处、无聊至极的人。

• 我现在要享受生活，而储蓄意味着我将受到限制。我不准备那样做。

你已经读到本章，具备了充满逻辑的论据，能够去质疑上述毫无促进作用的信仰。你随时可以借助第五章中描述的方法，将你的旧信仰改变成新的、有帮助的新信仰。也许以下的某一说法会对你有所帮助：

• 将所有种子全都吃光的农夫，就无法再播种了。

• 不储蓄是完全没有经济头脑、幼稚、愚蠢的体现。一个不会理财的人，很难受到别人的认真对待。

• 我钦佩那些完全驾驭自己生活的人，他们有能力将自己的精力运用到自己感兴趣的事中。健康的财务状况是先决条件。

• 我相信我在未来会度过余生。因此，我在某种程度上想确定未来是什么样。这也是我储蓄的理由。

储蓄使你成为百万富翁

你在本章开头已经读到：以长远目光来看，你每年平均能得到 12% 或更多的回报。甚至就连通货膨胀都是有利于你的。

我知道，这在德国不见得是一个普遍的看法。在我们国家，如果你每年盈利超过 5%，你就会被打上非诚信经营的标签。

实际上这 5% 与通货膨胀率基本上相符合。如果你每年只能得到 2%~4.5% 的利率，只会越储蓄越穷。也就是说，利息增加的速度，跟不上你的金钱购买力下降的速度。就这点而言，我可以理解每一个说这句话的人：在这种情况下，储蓄没有意义。

然而，下面的基本原则也适用于投资：如果你做的是所有人都能做的事情，你也只会得到其他所有人都有的东西。不要满足于普通的利润率。第一步行动是，学习关于投资的基本知识，这在接下来几章中有详细描述。

100 000 欧元能变出什么

你马上会了解到复利的力量。先看一个例子。假设你继承了 100 000 欧元，你将这笔钱存 30 年，也只能获得 7% 的利率。也就是说，你在 30 年之后会得到 761 220 欧元。但是，如果你将这笔钱投资到一种年收益率 16% 的理财项目中去，30 年后，你将会获得 8 584 980 欧元。

另外，再假设你将这 100 000 欧元分成 5 份，每份 20 000 欧元，分别投到 5 个理财项目中去。假如其中一项投资完全亏损了，第二项保本，第三项盈利 7%，第四项盈利 12%，第五项盈利 16%。

在这种情况下，就单单第 5 项投资就能使你的收入超过 170 万欧元。也就是说，比你 7% 利率的两倍还要多。总的算来，尽管有两项投资失败了，你总收益还是超过 260 万欧元。

接下来的问题就是，你如何实现每年大约 12% 的收益率呢？你如何将风险分散开来，一方面防止自己完全亏损，另一方面又可以使自己以最大的概率投资成功。

最后，我还想向你介绍针对 3 个不同的目标——每一个都在前一个的基础之上——而设计的 3 个财务计划。你会发现：明智的储蓄可以使你富有。

教你的孩子支付自己

孩子应该在什么时候开始储蓄？从第一笔零花钱开始。你应该尽早将“支付自己”的理念告诉孩子。请让孩子接受有关储蓄和富裕的有用的信仰。

我的一个朋友决定给他 8 岁的女儿 10 欧元零花钱，并让她在车上坐好。他对她说，他现在必须向她解释一些非常重要的事。

他开车带着她去了城市中的贫民区。那里的一切，看起来黯淡无光。没有绿色，只有脏脏的泥土和混凝土。他问她，想住在这里，还是想住在他们那环境宜人的独栋宅院。

他向她解释，她在未来 10~15 年还会和父母住在一起，但是之后就由她自己负责了。那时，她要么居住在这样一个可怕的环境中，要么住在一栋像他们家那样漂亮的房子里。并且，他告诉女儿，她现在就可以自己决定。

他花了半天的时间来向他的女儿解释储蓄和“支付自己”的概念。他和她一起下车，穿过贫民区。他们一起在一家邋遢的饭馆里吃了午饭。当孩子感觉不舒服时，他说：“这里住的就是那些有 10 欧元就花 10 欧元的人。”

回家以后，他们一起做了一个储蓄计划：女儿想将 10 欧元中的 5 欧元存下来。因为她每存 1 欧元，她的爸爸就会为她存 50 欧元，也就是说每月能存下 250 欧元。

假设，我这位朋友和他的女儿坚持 7 年，然后他停止每月存 250 欧元的投资。即便如此，他的女儿在 32 岁之前也会获得超过 200 000 欧元的金额。而我的朋友只需要投入 21 000 欧元。

更为重要的是：我朋友的女儿在很小的时候就轻松地学会了金钱的概念。也许她再也不需要从她父亲手上拿钱了。

想想看，如果你每次都存 50%，你将会有多少财富。当然，你应该在你认为自己“需要”100% 的收入来满足所有“必要”支出之前，就开始这样做。

直接给孩子钱是不负责任的。给孩子解释金钱和富裕的概念可能会花费一些时间。但可以使孩子拥有大多数人没有的宝贵机会：金钱将会发挥本应发挥的作用，金钱会成为使人感觉自然舒适的东西。一般只有在缺钱的时候，金钱才会成为生活的重要组成部分。你可以在很大程度上，使孩子不会过分看重金钱，而将金钱看作生活中自动出现的、自然而然的组成部分。我为孩子们写过一本关于金钱的书籍，名叫“小狗钱钱”，适合 10 岁以上的儿童。

本章要点

- 只有当你的钱多到可以使你仅靠利息便可生活时，你才算真正富有和独立。
- 如果你没有赚钱机器，那么你自己就是一台赚钱机器，只造出你值得获得的金钱。
- 是储蓄而非收入让你变得富有。财富产生于你对金钱的留存。
- 需求随着收入的增加而提高。如果你今天管理不好你的钱，那么等你挣到更多钱的时候，你就更管理不好了。
- 在收入低微的情况下储蓄反而更容易一些。因为收入越高，相同百分比的绝对数额就越大。

- 我们真正需要的东西其实少之又少。我们只是为了对自己的消费行为进行辩解，所以这样声称而已。
- 你绝对找不出不节俭的公司创始人。
- 不要只看到金钱现在的价值，要看到金钱在 10 年、15 年或 20 年之后的价值。
- 成功者做好准备去做大多数失败者拒绝去做的事情。
- 使用收入的 90% 生活，与使用 100% 相比，没有什么区别。
- 我们的生活水平总是随着可支配收入的增加而提高。
- 你可以随时改变你关于储蓄的信仰和观念。
- 同样地，储蓄可能看起来比较困难，但是不储蓄给你造成的困难更多。
- 如果你做的是所有人都能做的事情，你也只会得到其他所有人都有的东西。
- 一般只有在缺钱的时候，金钱才会成为生活的重要组成部分。
- 引导你的孩子去接受储蓄的概念。

第九章

复利的奇迹

金钱只留给那些了解并遵守资本法则的人。

——乔治·塞缪尔·克拉森《巴比伦首富》

使自己的金钱增值的人，会成为一个富有的人。而无视金钱增值规律的人，会再次失去他的金钱。道理就是这么简单。

如果你观察一下复利的奇迹，你就会发现：清楚复利的力量，但不使用这份力量来使自己实现财务自由的行为，是一种不负责任的愚昧无知。这样看来，贫穷就不是美德了，而是一种愚昧。

我想先给你展示几个这种几何增长的力量的例子。

为自己创造新的收入来源

我建议你去银行开设一个储蓄账户，在第一个月时存5

欧分进去。第二个月时翻倍存入 10 欧分。

同时你也要开始为自己寻找新的收入来源。你有 14 个月的时间来使自己的状况“步入正轨”，存款增加。你必须利用你的时间来发展新的收入来源。在第 16 个月，你要存入 1 638.40 欧元，第 17 个月是 3 276.80 欧元，第 18 个月是 6 553.60 欧元。来看看这个计划：

月	1	2	3	4	5	6	7	8	9
欧元	0.05	0.10	0.20	0.40	0.80	1.60	3.20	6.40	12.80
月	10	11	12	13	14	15	16	17	18
欧元	25.60	51.20	102.40	204.80	409.60	819.20	1 638.40	3 276.80	6 553.60

你必须自我发展和成长。你必须发挥自己的创造力并付出努力。这一切都是值得的。刚好在一年半以后，你会得到 13 107.15 欧元，不这样做的话，你根本得不到。

举个例子，你可以从中拿出 3 000 欧元来奖励自己。剩下的 10 000 欧元，你可以用于投资，20 年（年利率 12%）以后你就有将近 100 000 欧元。

能量贴士

去银行为自己开设一个储蓄账户，坚持 18 个月往账户存钱，每月的存入金额是上个月的 2 倍。

- 你要学习去寻找新的收入来源。
- 你要有足够的时间来开辟新的收入来源。

• 你要像锻炼肌肉一样锻炼自己的收入。

• 你的潜意识在发生变化。很快你就可以迎接全新的挑战了。

• 你应该使自己独立于现有的收入来源。

• 如果将这笔钱用于投资，你就为将来可观的财富建立了基础资本。

决定你收益的因素

影响复利的，只有三个重要因素：时间、利润率和投入。

我打算探讨这三个因素。请允许我在下面的例子中以超过 12% 的高利润率为出发点。从 1948 年开始，股票平均每年的收益率达到 11%。许多好的基金也在其列。这种结果在德国被认为是几乎不可能的，所以我用两章的篇幅（第十章和第十一章）来阐述利润率和投资。

时间

正如之前说过的：尽早开始是好事。举个例子，假设你从 30 岁开始每月存 200 欧元。如果按 12% 的年利率来算，你在 65 岁时就有 1 049 570 欧元。之所以得到这一巨大的数额，是因为你让金钱为你工作了 35 年。

但如果你是在 45 岁时才开始储蓄，你就“只有”20 年的时间。如果你同样想实现 105 万欧元存款，按照 12% 的收益率来算，你就必须将原先的每月 200 欧元的存款额增加 6 倍，也就是每月 1 200 欧元。

然而，如果你在 55 岁时才开始储蓄，你就只有 10 年的时间。尽管如此，你还是想实现 105 万欧元存款，那么你每月的存款额就必须超过 5 000 欧元。

要挣到 105 万欧元，你需要：

- 35 年 × 每月存 200 欧元，或者
- 20 年 × 每月存 1 200 欧元，或者
- 10 年 × 每月存 5 000 欧元。

记住：你开始得越早，你就能越轻松地实现它。

因此，为你的孩子储蓄吧。更为重要的是，将储蓄的概念教给你的孩子。如果你从孩子一出生就开始每月为其投资 100 欧元，那么等孩子到了 35 岁，他就已经拥有 524 785 欧元了（按照 12% 的年收益率计算）。

利润率

和时间同等重要的因素是利润率。俗话说：时间就是金钱。我们也可以说：时间带来金钱。我还是给你介绍一下高利润率，虽然许多人认为很无聊。

每年有成千上万的德国人平均投资收益都超过 12%。如果美国家庭主妇听到我们这里的利润率，每一个人都会疲倦地打哈欠。2%~5% 的利润率在美国绝对会引发同情。我们在全世界享有这样的声誉——德国人是最节俭的储蓄者和最傻的投资者。

以对比方式看以下数据，你会发现高利润率有多重要。7%、12%、15% 和 21% 之间的差异是多么巨大。假设你坚持月存 100 欧元超过 35 年。那么，在年利率分别为 7%、12%、15% 和 21% 的情况下会发生什么呢？

- 7%：166 722 欧元
- 12%：524 785 欧元
- 15%：1 078 249 欧元
- 21%：4 671 602 欧元

如果利润率提高 3 倍，那么你最后得到的金钱总额就不止三倍了，实际上是几乎 30 倍！

我们再来看一个例子：如果你投入 1 000 欧元，如果年利率分别是 7%、12%、15% 或 20%，那么在 30 年之后，你能得到多少金额？

- 7%：7 612 欧元
- 12%：29 960 欧元
- 15%：66 212 欧元
- 20%：237 376 欧元

摸着良心说：花 30 年使 1 000 欧元变成 7 612 欧元并不

会使我们感到意外。实话跟你讲吧，我宁愿“任意挥霍”这 1 000 欧元。但是如果几乎能使你的钱增长 30 倍（12%），最终甚至增长 237 倍（20%），那么这就肯定使人心潮澎湃了吧？

你知道，如果你的祖母在 50 年前就为你存下两张面值 500 欧元的纸币，而且平均每年收益率是 20%，会发生什么呢？现在，这 1 000 欧元就已经变成 900 万欧元了。所以你的祖母是有“过失”的。但你可以做得更好，你可以及时地为你（未来的）孙子孙女做打算。

现在再看一看表格，如何才能使你的金钱变多。

复利表：每年投入 1 200 欧元

	第5年	第10年	第15年	第20年	第25年	第30年	第35年
1%	6 134	12 568	19 330	26 437	33 907	41 758	50 009
2%	6 271	13 168	20 784	29 192	38 475	48 724	60 040
3%	6 411	13 804	22 373	32 308	43 824	57 175	72 653
4%	6 556	14 476	24 111	35 835	50 098	67 452	88 565
5%	6 704	15 187	26 013	39 831	57 466	79 974	108 790
6%	6 855	15 939	28 094	44 361	66 129	95 260	134 244
7%	7 011	16 734	30 371	49 498	76 325	113 951	166 722
8%	7 171	17 576	32 865	55 329	88 336	136 834	208 094
9%	7 334	18 466	35 594	61 947	102 495	164 884	260 876
10%	7 502	19 408	38 583	69 464	119 198	199 296	328 295
11%	7 674	20 404	41 855	78 002	138 912	241 547	414 495
12%	7 850	21 458	45 439	87 703	162 186	293 451	524 785
13%	8 031	22 572	49 364	98 727	189 674	357 239	665 966
14%	8 216	23 751	53 663	111 255	222 145	435 653	846 744
15%	8 406	24 998	58 370	125 494	260 504	532 058	1 078 249

续表

	第5年	第10年	第15年	第20年	第25年	第30年	第35年
16%	8 600	26 316	63 525	141 677	305 822	650 584	1 374 701
17%	8 800	27 710	69 170	160 068	359 358	796 292	1 754 246
18%	9 004	29 184	75 350	180 968	422 596	975 382	2 240 022
19%	9 213	30 742	82 117	204 715	497 278	1 195 438	2 861 493
20%	9 428	32 389	89 524	231 693	585 457	1 465 733	3 656 143
21%	9 647	34 130	97 631	262 336	689 539	1 797 594	4 671 602
22%	9 872	35 970	106 503	297 133	812 352	2 204 839	5 968 323
23%	10 103	37 914	116 210	336 639	957 212	2 704 316	7 622 946
24%	10 339	39 968	126 830	381 476	1 128 044	3 316 542	9 732 515
25%	10 581	42 139	138 445	432 350	1 329 277	4 066 480	12 419 759

1 000 欧元的增长形势是什么样的——即使你不再往里投入更多的钱!

年限	8%	10%	12%	15%	20%
1	1 080	1 100	1 120	1 150	1 200
2	1 166	1 210	1 254	1 323	1 440
3	1 260	1 331	1 405	1 521	1 728
4	1 360	1 464	1 574	1 749	2 074
5	1 469	1 611	1 762	2 011	2 488
6	1 587	1 772	1 974	2 313	2 986
7	1 714	1 949	2 211	2 660	3 583
8	1 851	2 144	2 476	3 059	4 300
9	1 999	2 358	2 773	3 518	5 160
10	2 159	2 594	3 106	4 046	6 192
11	2 332	2 853	3 479	4 652	7 430
12	2 518	3 138	3 896	5 350	8 916
13	2 720	3 452	4 363	6 153	10 699
14	2 937	3 797	4 887	7 076	12 839
15	3 172	4 177	5 474	8 137	15 407

续表

年限	8%	10%	12%	15%	20%
20	4 661	6 727	9 646	16 367	38 338
25	6 848	10 835	17 000	32 919	95 376
30	10 063	17 449	29 960	66 212	237 376
35	14 785	28 102	52 800	133 176	590 668
40	21 725	45 259	93 051	267 864	1 469 772
45	31 920	72 890	163 988	538 769	3 657 262
50	46 902	117 391	289 002	1 083 657	9 100 438
100	2 199 761	13 780 612	83 522 266	1 174 313 451	82 817 974 522

你如何轻松在脑子里计算出复利

为了使你不用一直去看表格，我想教给你一个公式。

用 72 除以利率，你就能得到投入资本翻倍的年限。

72÷ 利率 = 投资翻倍所需的年限

假设你每年的利润率是 12%，将 10 000 欧元翻倍需要的时间为：

72÷12=6（年）。

照这么说，在利润率为 12% 的情况下，你的钱每 6 年能翻一倍。在利率仅有 5% 的情况下：

72÷5=14（年）。

你看到了，5% 的利润率更像一件冗长乏味的事情，因为你必须花 14 年的时间才能等到你的资金翻倍。之后再等

14 年，你的金钱才能再次翻倍。30 年之后，你才能使原有的 10 000 欧元涨成微薄的 45 000 欧元。

在利率为 12% 的情况下，你的金钱可以在 6 年时间内翻倍。

在 12 年之后（又一个 6 年）你的金钱又重新翻了一倍。在 30 年之后，你会使你的 10 000 欧元变成令人难以置信的大约 300 000 欧元。如果利率为 20%，就差不多是 240 万欧元了。

结论：利润率很重要。非常重要，所以你必须通读第十章和第十一章，了解发现高利润率的方法。如果你想要积累财富，而你拥有的时间越来越少（或者说你想花费的时间越短），你就越需要高利润率。

你的金钱可以用来干什么

上述内容引出了两个问题：

1. 你想让你的金钱多久翻倍一次？（利润率！）

2. 你想用多少钱来翻倍？（储蓄！）

如果你的乘数是零，那么再高的利润率都没有任何用处。今天 50 000 欧元不算巨额资金了，你用它只能买一辆好车。

这样看来，50 000 欧元并不是一个值得特别去追求的目标。但是如果你将 50 000 欧元用于投资，那么在 20 年后，这笔钱就会变成 50 万欧元（年收益率 12% 的情况下）。基于此原因，聪明人才去储蓄：他们看到的不是眼前的 50 000 欧元，而是未来的 500 000 欧元。

没有资本的资本主义意味着金融石器时代

资本主义为每个人打开了通往财富和富裕的通道。不计其数的百万富翁甚至亿万富翁，随着这一经济先决条件——通过投资来增加资本——应运而生。资本主义第一次使复利发挥决定性作用。

资本投资对投资者来说也有好处，因为他能获得收益。他可以分享企业股份，却不用成为企业家。

资本投资对企业家也有好处。他可以借助 O.P.M. 来更快速地建立并扩展自己的企业。没有 O.P.M.，企业就不可能快速增长。新时代所有的大型企业帝国就建立在借用资金之上。

以山姆·沃尔顿的故事为例。他在美国一座小镇购买了一家小商店。这笔钱还是从他的岳父手中借来的。

他创造了折扣店的概念。山姆·沃尔顿向顾客保证：同样的商品，如果你在任何地方发现比我店里更便宜，我马上把钱退给你。在最初的挫折之后，山姆并没有放弃，他反而又一次借钱买了新的店铺。

他的第二个天才想法，是在那些竞争对手认为销售潜力不足的地方——小城市，去开设大量的折扣店。

山姆·沃尔顿为他的国家带来的益处是非同寻常的：他为成千上万的人创造了工作岗位，数以百万的人能够买到物美价廉的商品。这难道还不足以使山姆·沃尔顿家财万贯吗？当时，他甚至成为美国首富。然而，他生活得极为朴素。他还是住在他的第一栋房子里，开着一辆老旧的皮卡。向他人借钱对他来说是一场祝福。他实现了自己的梦想。

我们再来看看 1975 年投钱给山姆·沃尔顿的沃尔玛的投资者都获得了什么。一名投资者于 1975 年投入了 90 000 欧元，10 年后获得了 320 万欧元。如果他没有去动这笔钱，那他在 1995 年 7 月 31 日时就会获得 26 630 000 欧元。20 年的时间将 90 000 欧元变成 26 000 000 欧元，这便是投资复利的力量。而沃尔玛的故事也只是这众多故事中的一个。

记住：资本主义这个词中还藏着资本一词。如果你不让资本和投资为你服务，那么整个资本主义都会悄悄地与你擦肩而过。而你在经济上就好比是还生活在石器时代。

不管我们喜不喜欢，我们的制度在很多方面就是使强者更强，弱者更弱。这看起来就是人类进化中的固有规律。

其实我们的税收体制应该创造一种机会均等。但是众所周知，我们的税收体制只对精英和专业人士有利。同样地，资本主义也只对那些善于理财的人有所帮助。而其他的人，它只会采取摧毁的方式来对待。就连古巴比伦人也有过相关的警句："金钱只留给那些了解并遵守资本法则的人。"

有钱的人可以花钱雇用了解法律漏洞的顾问。一般情况下，只有当一个人有了一笔存款之后，他才会开始对高利润率感兴趣。在这之前，复利的力量只能与你擦肩而过。

为什么金钱能带来更多的金钱

聘请好的顾问需要花钱。找到合法的纳税方案需要花钱。聘用好的税收会计师需要花钱。但是，他们能为你节约出你付给他们的报酬许多倍的金钱。一个既有钱又有优秀顾问的人，能靠自己的金钱获得12%~30%的年收益率，通常还免税，还是合法的！

没有钱，不熟悉法则的人，每年能得到2%~7.5%的收益率。他们那微薄的收益还要被税务局和通货膨胀分割。

在一生之中，你都必须当一台赚钱机器，除非你决定自己创造一台赚钱机器，为自己创造一只会下金蛋的“鹅”。你现在也已经看到了，这样一只鹅长得有多快。但是，鹅绝不愿意去那些会马上屠宰它的人身边。

开明很重要

在我们这里，只有当一个人为许多人带来收益时，他才会变得富有。当一个人想要变得富有，他就要为其他人创造出他们想要获得的工作岗位、产品或服务。今天的机会远比以前任何时候都要多，这也是受资本主义的影响。

尽管如此，资本主义还是远不能使我们满足。对所有人来说，它绝不是一次直接的“祝福”。它创造了一个新的阶级社会。

在这一方面，我不喜欢资本主义发展的内在动力。**是时候让“少数人的资本主义”成为人人共享的资本主义了**。股票为普通人创造了成为股东的机会，这是一个重要的步骤。投资基金使得更为广泛的阶层能够以较低风险参股各种不同的企业。

缺少的只是一种开明的资本主义。信息政策不仅仅由利益集团来驱动，而是由信息本来的目的来驱动。这一种目的就是使得这个星球上人类的存在更加有意义。在他们的生活中，资本起着支撑性的力量。

我想借用此书献出绵薄之力。你也可以对此做出贡献，通过获得私人财富，成为一个榜样。

本章要点

- 在金钱方面，责任原则同样适用。使自己的资本增值的人，会成为一个富有的人。而无视资本增值法则的人，会再次失去他的金钱。

- 了解复利的力量，却不使用这份力量使自己实现财务自由的行为，是一种缺乏责任心的愚昧无知。
- 对于复利来说，只有三个重要因素：时间、利润率和投入。
- 你开始得越早，你就能越轻松地实现它。
- 如果利润率提高3倍，那么你最后得到的金钱总额几乎能达到30倍！
- 如果你不让资本和投资为你服务，整个资本主义都会悄悄地与你擦肩而过。
- 金钱只留给那些了解并遵守资本准则的人。
- 资本主义使富人更加强大，会拿走那些无视其法则的人手上现有的东西。
- 是时候让“少数人的资本主义”成为人人共享的资本主义了。你也可以对此做出贡献，通过获得私人财富，成为一个榜样。

第十章

你为什么必须饲养金钱

> 德国人在储蓄方面是世界冠军。而在真正高收益的金钱投资方面，他们却排在后面。
>
> ——弗朗茨·拉普夫《论股票》

我的教练喜欢给我讲述《圣经》里的故事。他利用这些故事来教育我。他经常讲述的是著名的法老梦。

法老做了一个使他十分不安的梦。他看见 7 头漂亮、健康的奶牛从尼罗河中爬起来，身后有 7 头丑陋的奶牛浮出水面，它们十分干枯瘦弱，身上的骨头都能数得清。突然，干瘦的奶牛猛然扑向肥美的奶牛，并将它们吃掉了。尽管如此，它们看起来仍然那么干枯瘦弱。

约瑟夫被引到了法老面前，他被誉为析梦人。他说："7 头肥美的奶牛指的是 7 年的时间里粮食富足，每个国民都能吃饱饭。7 头瘦弱的奶牛预示着随后而来的 7 年饥荒。"

法老带着严肃的神情问道：“我们不能做些什么吗？”约瑟夫回答道：“你虽然无法改变它，但你可以做好准备。委任一名财务部长，负责将所有人在富庶年间收获的粮食的 1/5 收集在谷仓里。这样一来，我们在饥荒年间便会有充足的粮食储备，也就不用再饿肚子了。”

这一计划得以贯彻执行。7 年时间里，埃及人有了充裕的粮食。将粮食的 1/5 交出去，不会使任何人感到痛苦。

荒年

我的教练说过：“大多数人生活的方式都好像自己永远也不会出现收入微薄的情况。但这种情况肯定会出现的。”

他是第一个意识到体制将被迫发生改变的人之一。人们早年如果有工作且工资丰厚，可以生活体面。退休时，公司和国家会照顾他们。

养老金由所谓的“代际合同”保障。这一合同规定：在职的年轻人赡养老一代退休的人。等年青一代老了，新一代的年轻人支付他们的养老金。

今天我们知道，这一合同在将来没法再正常运作。从 2020 年起，养老金领取者将大大多过赡养他们的在职年轻人。今天我们必须清楚的是：曾经，有一个小男人对全国人民说，你们的养老金是有保障的。曾经……这是童话故事的惯常开头。虚构的故事。人们都喜欢听谎言，但它终究只是谎言。

在这种情况下，也有一个童话故事。

埃及人使用一种简单的方法在荒年里保护自己——财务部长将所有粮食的 20% 收集起来。我们今天也有财务部长，他从大多数薪资阶层人员身上收集起来的钱财远多于 20%。但两者是有区别的：今天的财务部长收集金钱，之后又马上把金钱花出去，根本没有为饥荒之年留下什么，什么都没有。

你别无选择，除了成为自己的财务部长，并至少将收入的 10% 存下来。更好的做法是你完全效仿古埃及人的做法，将 20% 的金钱存下来。

不要被愚弄

现在睿智的你，看到几个领取养老金也过得很好的人，也许觉得我的描述过度消极，但是你千万不要被愚弄。大约从 2020 年起，我们将经历完全不同于现在的时代。任何人都能通过几个简单的计算清晰地看到——你不能再继续依赖我们国家的养老金。

养老金计划将无法承担到期支付的养老金。人们的寿命越来越长，医疗保险越来越贵——这应该由谁来支付呢？

没有突然之间打开巨大的谷仓供应一切的约瑟夫，世界上也不存在这样的谷仓。我们由工业时代进入信息时代。这带来的一个影响，很少人意识到我们必须自己为自己支付养老金。20 年后或更晚退休的人，现在就需要提前计划，不要使退休年变成荒年。这一点应该早就清楚，人们应该早就被告知，但指责现在对我们而言帮助不大。我们必须建立自己的谷仓，并成为自己的财务部长。我们必须自己承担责任。

赢家和输家

你是不是也觉得这世上的不公是难以忍受的？我们总是轻易地陷入思考，并提出我们最爱的“为什么”这一问题。就像第二章中写到的一样，提问“为什么”对你并不总是有帮助的。它喜欢寻求辩解。而辩解又往往被当作借口。因此，思考“为什么”往往会阻碍你采取行动。

巨大的变化总是区分赢家和输家。总是产生巨大的不公。但就此陷入思考徒劳无益，思考并不会改变我们的境况。

在当今信息时代，输家指的是那些继续依赖国家和他们的雇主的人，赢家指的是自己承担责任的人。这是受害者社会和责任者社会。那些将自己看作受害者的人，还继续依赖过去的承诺，而这些承诺在今天是永远不可能实现的了。但他们仍然依赖国家和他们的雇主。

那些承担责任的人无法容忍自身命运取决于别人是否遵守承诺。他们将歌德的箴言放在心中：只有一件事是你可以期待的：意料之外的事。他们将自我准备看作**自己的**责任。

困境通常远在退休之前开始

我们将更快地开始体验关系改变造成的另一个影响：当今几乎已经没有一辈子的铁饭碗了。今天，许多人都在退休之前很多年就开始经历自己的“7 个荒年”了。因为他们没有在丰年存下 20%。

为什么会发生这样的情况呢？我们所有人倾向于陷入两个错觉。

第一个错觉，我们认为，如果经济繁荣，它必将**永远**如此繁荣下去。如果一直收入丰厚，我们会预计自己很快收入更多。但是正如我的教练总是强调的那样：干瘦的奶牛往往比预想的出现得更快。

第二个错觉，**我们往往无法识别出丰年**。只有当荒年出现时，我们才意识到，我们之前过得有多好。有多少人误以为丰年还在后面，而推迟储蓄和投资的计划？

现实

大多数人存的钱都太少。他们住在光鲜亮丽的房子或公寓里，开着好车，拥有最新款的电视机或音响。他们除了一份贷款协议、一份小小的人寿保险和一个脆弱的储蓄账户，就一无所有了。他们已经成为两个错觉的牺牲品。而那些只储蓄而不投资的人，也不是真正的理财者。许多人将自己的金钱投入某一个理财项目之后就不闻不问了，在这种情况下，金钱是不可能获得正确增长的。还有一些人混淆了**投机和投资**两个概念，两者之间存在巨大的区别。详细内容我将在第十一章中进行描述。

这种区别有着至关重要的意义。投机者无法保证“鹅”饲养的绝对安全，他**无法**定期获得金蛋，也就是说，投机者根本不会获得被动的收入。他们只有在出售自己的资产时，才会赚到钱。

想要饲养金钱的人，首先必须是一个投资者，而非一个投机者。储蓄并进行资本投入的人，还并不一定是一个投资者。我的教练曾经说过：“**一位投资者会在买入的时候获得利润，而非在卖出的时候**。”可惜我之前没有遵循这一忠告，因此我也付出了许多金钱代价。想要在卖出时获得收益的人，不是在投资，而是在投机。投机者的运气有好有坏。而且投机者对自己的投资和预测的影响非常有限。

2000年、2001年和2002年

许多人在2000年、2001年和2002年间在股票市场亏损了许多钱。主要原因是：他们更多是在进行投机，而非投资。

在第十一章中，我们还会再讲到第二个重要的区别：**投资和债务**之间的区别。也许你会说：“这其中的区别我是再清

晰不过了。”但是你会发现，其实很多人在此都犯了一个大错误，一个致命的错误。比如，许多人都将自己的私人住宅看作一笔投资，于是他们误以为自己是投资者，而实际上他们只是在往外花钱。

我的教练总是说：“投资应该使金钱流入你的口袋。”**而一笔债务使金钱流出你的口袋。资金流动的方向就表明了这是一笔投资还是一笔债务。**

致命之处就在于：许多人认为自己进行的是投资，而实际上却是欠下了一笔债务。他们不会变得富有，而是越来越贫穷。他们将金钱花出去，而非纳入囊中。他们的金钱逐月减少，虽然他们认为自己一切都做对了。遗憾的是，我们所有人做的事情，往往并不正确。就算所有人都说，置办住宅是一笔明智的投资，但这还是错的。私人住宅是一项奢侈品。生活在属于自己的四面墙壁中确实是一件很棒的事情，我自己也是这样做的，但这并不是投资，它不会为我们带来收益，它不会为我们的荒年做出准备。

我们还会再经历一次大萧条吗

自第二次世界大战以来，出现了几个小的股市泡沫。回想起来，这些都不是严重的崩溃，市场总是迅速地复苏。我们可以说，这些轻微的波动，就犹如**白天和黑夜的交替**。

这些并不是像**夏天和冬天更迭**那样的大周期。几乎没有人认为还会再出现一次像1929年至1932年那样的金融危机。

多年来，我一直指出，周期并不会简单地消失。尽管如此，当市场重新繁荣，打开报纸还是经常读到：这一次不同于以往，全球金融危机不可能再卷土重来。但是约翰·邓普顿爵士，这位基金业务的伟大导师对此说过："资本投资业务中最危险的一句话就是：这一次不同于以往。"

不久前，我看到一家人在沙滩上堆砌沙堡。所有人都斗志昂扬。一座了不起的沙堡拔地而起。但不幸的是，潮水越涨越高。一家人开始在沙堡之前建立护堤，他们飞快地铲着泥沙，但海浪还在不断地向前逼近。海浪最终还是冲走了护堤，越过护堤开始往护堤另一面侵袭。一旦潮水来临，是没法阻拦的。

一次大崩溃可能会，也将会再次发生。白天和黑夜的交替不是唯一的自然更迭，还有季节的更迭。悠长的夏季结束后，紧随而来的是冬季。正如存在小的变化起伏一样，也会存在长期的变化起伏。向来如此，也将会一直如此。自然界中是这样的，经济世界中也是这样的。潮水还会再来。

只要有一方面受贪欲驱使，另一方面又受恐惧影响的人存在，此类危机就将一直存在。当年，许多人认为这种"基础"动机是没法影响经济的，结果，他们的想法被新经济、互联网泡沫和新市场完全颠覆了。

我可以列举出许多新的崩溃再度发生的原因，但最重要的是：这样的大崩溃会发生，因为之前发生过多次这样的大崩溃，而人并没有改变自己。

许多投资者在 2000 年、2001 年和 2002 年，连续三年在股票市场中遭遇了极大的亏损。自第二次世界大战结束以来，这是唯一的一次。几乎没有人认为会出现这样的情况——就连我也这样以为。我预计的转折点、巨大的崩溃都在 2010 年之后。突然之间，人们又再度开始考虑经济和市场动荡大周期的可能性了。

崩溃的糟糕之处在于：原本计划荒年使用的储备金会被毁掉，尤其是许多已经退休的老人会遭受重创；当然也有许多年轻人之前坚持储蓄，自认为明智地进行了投资，现在他们也面临失业和缺钱的双重打击。这种情况太糟糕了。重要的是知道如何投资，不要将债务、投机与投资混淆起来。

我认为，一次大萧条还会再次来临，只是不一定来得特别快而已。

但是，谁会声称自己能够预知未来呢？我尝试过很多次，偶尔成功过，其他时候都失败了。我同其他在这领域上进行尝试的人情况相同：如果预测得到应验，我们就会自我感觉十分良好；如果预测失误，我们就会提醒自己，没有人能够预知未来。基于这一情况，预测未来永远都不可能不受欢迎。

重要的是，作为投资者，我们必须把出现全球金融危机的可能性考虑在内，我们不应该因为这一可能性存在就垂头丧气。一位聪明的投资者是可以做到在任何周期更迭下喂肥自己的“鹅”并获得良好回报的。但是，为了做到这一点，他也必须清楚几个重要的事实。事实是，投资者恰巧是在危机当中才能获得高额的利润。纯粹的投机者会在危机中成为受害者，而投资者会成为受益者。

坚定不移地进行准备

你知道诺亚的故事吗？他居住在一个自人类有记忆以来就从来没有下过雨的地方。突然他得到了一项来自上帝的任务——造一艘大船，一艘能够让他在大洪水中得救的大船。

你能想象当诺亚在一个近乎于沙漠之地开始建造方舟时，周围人是怎么想、怎么说诺亚的吗？那里还从来没有出现过甚至一艘小船，而诺亚现在开始建造的是一艘巨大的方舟。他的朋友和熟人尝试劝服他，说他的整个行为没有任何意义。我完全能够想象出来他们是如何对他说的：“你为什么要把自己的时间浪费在这项毫无意义的大工程上面呢？人一生只活一次。”

诺亚完全不为所动，他的朋友就不再与他来往了。那些智者详细地解释过，为什么根本不可能会出现大洪水。从此以后，他便被众人看作一个固执的、爱胡思乱想的傻瓜。要坚持一个所有人都认为发疯的计划并不容易。但是这个故事的发展表明，诺亚的坚持是正确的：大洪水真的来了。

我不知道你什么时候会读到这本书。最主要的是，我不知道在你读这本书时的经济形势和市场状态会是怎样。也许那时候正好经济形势一片大好，那时候就肯定不太“流行”

去警示人们注意可能出现的经济萧条。尽管如此，在这种情况下记住诺亚也是十分有益的。

此外，也许你读这本书时，整个经济社会恰好笼罩着一些阴郁昏暗的气息，似乎会不太相信美好的投资回报。在经济衰退期间，许多人认为根本不可能积累财富。这时，我号召大家去投资，就好像号召住在沙漠里的人去建一艘方舟一样。

然而，至关重要的是，不要因为极端情况而动摇自己。**只要我们还没有遇上真正的**全球金融危机，**你就可以一直储蓄**。相信我。一场像 1929 年那样的全球金融危机远比人们能想象出来的要糟糕得多。就连最消极的人所能想象出来的最差的结果也会被事实超越。请做好准备。

丰年将会一直存在，荒年也会一直存在。不要让自己丧失勇气，但也不要让自己盲目相信安全感。尽可能多地去挖掘出自己的经济洞察力，**为自己做出重要的决定**。同时关注下一章中提到的重要原则。这不会让你所有的决定绝对万无一失，但你将会看到这不是目的。一个好的投资者，即便在受周期更迭影响的情况下，仍然可以使自己的财富增加。只要他坚持某些原则，即使他偶尔做出错误的选择，仍然能使自己的财富增加。

不要找借口

我的教练经常说：“借口是那些失败者说给我们听的话。”

他想知道我的目标是什么。针对我的回答，他又说道："你将会获得多少，这并不重要。重要的是，你会成为一个什么样的人物。"在他看来，一位真正的人物应该是一名诚实对待自己的人。

你还能记起第二章的内容吗？你给予谁责任，你同时给予了他权力。"经济衰退才是问题所在；我太年轻了或是太年迈了；这是政府的错；我的父母……"这样说对我们毫无益处。在你拒绝承担责任的情况下，财富是不可能产生的；如果我们不能诚实地对待自己，把精力用在寻找借口，而非寻找解决方法上，我们也不可能积累财富。

借口是我们讲给自己听的谎言。我们应该自己对自己越来越诚实，承担越来越多的责任。许多人声称："我没有时间去学习正确的投资方法。"是这样吗？这是真的吗？或者说这些人还可以对自己更诚实吗？"我还没有准备好为此投入更多的时间"，这样说会不会显得更诚实？一位真正的人物不会将生活中的机会滥用在道歉和寻找借口上。**借口使我们贫穷**。

我们心中的两个声音

我们每个人身上都潜藏着不同的天性。有财务失败者的声音，也有财务成功者的声音；有受害者的声音，也有勇于承担责任之人的声音。我们体内的一部分力量想要寻找借口，另一部分力量又想要做出结果。这是两股完全对抗的力量。我们体内存在这两股力量的原因就在于，我们受到许多不同的印象以及人的影响。

我们能否实现财务自由，对此起决定性作用的是，我们听从的是两个声音中的哪一个：受害者的声音还是勇于承担责任者的声音。

永远不要让你内心中那个弱小的人战胜强大的那个人。

本章中关于“预测”的最后几句。我不相信这世界上真的存在这样的预言家——当他消极的预测真正被证实了他会感到高兴。我也是这样的。我关心的事情并不是，你是否处处考虑我的预测能否实现；我关心的是，如果我的预测真被证实了，你是否提前做好了准备。重要的并不是**预测，而是准备预防措施**。假如枯瘦的奶牛突然出现了，而你已经武装好自己了。更重要的是：如果发生一场全球金融危机，你拥有金钱储备，这时的你将会获得意想不到的机遇。相反，如果枯瘦的奶牛不出现，你肯定会成为一名优秀的投资者，你也不用为此遗憾。

全世界最富有的投资者沃伦·巴菲特说过：“毕竟，只有当潮水退去时，你才知道谁在裸泳。”

本章要点

- 你必须为自己的未来主动承担责任。成为自己的财务部长，至少将收入的 10% 存下来，并尽可能地存下收入的 20%。

- 想要饲养金钱的人，就必须投资金钱并获得收益。
- 市场波动一直都是周期性的。重要的是将危机纳入我们的考虑范围中。
- 纯粹的投机者会成为危机的受害者，而投资者会成为受益者。
- 不要因为极端情况而动摇自己。也不要去追随大多数人的做法。坚持你自己的计划。
- 坚持固有的原则，做出相应的决定。
- 借口是我们讲给自己听的谎言。借口使我们贫穷。
- 我们每个人身上都有两个声音，财务失败者的声音和财务受益者的声音。我们能否实现财务自由，对此起决定性作用的是，我们听从的是两个声音中的哪一个。

第十一章

投资者和股民应遵从的原则

> 简单来说，资本体系和其他经济的区别在于：一块大蛋糕，以不平均方式进行切分；一块小蛋糕，以平均方式进行切分。结果是，被均分的小蛋糕，其每一块比大蛋糕中最小的那一块还要小得多。
>
> ——安德烈·科斯托拉尼

国内外很多记者称我为金钱大师。这确实是谬赞。真正的金钱大师是不会犯错误的，但我犯过不少，以后也不可避免会再犯。我更有兴趣帮助他人改善生活品质，使他人生活得更有尊严。这就需要拥有一定数量的财富。

在本章中，你会了解到，你应该如何饲养“鹅”，如何从中获取高收益。要实现这一目的，你就必须遵循本章阐述的原则，并且做好准备做出一些重要的决定。

本章节第一部分讲的是，想成为一名成功的投资者须遵循哪些原则。第二部分讲的是，你必须做出的一些重要决定。

第一部分：原则

一般来说，以下讲到的这些原则具有普遍适用性。本书的目的并不是给你一些具体的投资建议。因为这样不仅缺乏远见，还相当危险。在如今快节奏的时代，产品和机遇都瞬息万变。因此，我接下来要讲的内容只着眼于基本原则和最重要的决定。

尽管如此，我还是想要尽可能多地分享一些时事信息给你。得益于现今发达的网络，www.reintgen.de 网站中有很多投资资讯，我和专家团队都推荐这些资讯。这些资讯可以免费获取，符合当前的市场情况。

伯尔尼·莱特根是我的一个工作搭档，在我看来，他是最好的投资顾问之一。在该网站上，你会注意到有一些不太知名的投资产品，以及一些最新的投资组合。

学会区分

你有过食物中毒的经历吗？几年前，我在墨西哥吃了一种用鸡蛋烹调的食物，里面“富含”昆虫毒素。后来证实是厨师将这种毒素误用作面粉，和在了面团里。要不是当时有医生在场，我可能就命丧于此了。

自然界中的每个地方都充满着各种各样的生物，一部分无害且有益，另一部分对我们很危险，甚至有一些具有致命的危害。比如有些蘑菇味道鲜美，而另一些却有毒。

生命健康遭遇的这种情形，你的金钱同样也会经历。有些投资让你收益丰厚，有些却使你血本无归。不会进行正确区分的人，将会很危险。但是，通常有益和有害又很难区分，就如同昆虫毒素和面粉看起来那么相似。

为了生存，我们必须学习。为了实现财务自由，我们必须学习。更甚至**为了保持财务自由，我们还是必须学习**。**学习是为了学会区分**。**一旦能够**识别差异，你就可以做出明智的决定。对此，统一出让大家易于牢记的标准，很有必要。

接下来提出几个重点的区别。你应该对这几条区别进行思考、消化，并转化成你自身的理财能力。因为你知道什么才是适合自己的计划，所以你可以快速且正确地做出决定。

关键的区别在于：

1. 投资和投机的区别；

2. 负债和投资的区别；

3. 三种投资类型的区别；

4. 普通投资者和投资家的区别。

原则一：识别什么时候投资，什么时候投机

这是当今最受忽视的一条原则。人们把积攒下来的钱存到银行，就把自己看作投资者。实际上他们只是储户，或者投机者而已。他们并**不是**投资者。

第一点显而易见：将钱存到储蓄账户里的人，不能称自己为投资者。他是一名储蓄者，把钱存入储蓄账户，便没有了下一步动作。这就是称为储蓄账户而不是投资账户的原因。等谈到第三个原则时，你会看到这没有什么错。恰恰相反，会存钱的人比不存钱的人更好。但是，只有投资者会使自己的金钱显著**增加**。

对于投机，大家存在着更多的误解。就连我之前也不明白投资与投机最基本的区别是什么。这也不足为奇，因为我是在一个中产阶级家庭中长大的。这样的家庭普遍把一切都看作投资。我们的房子被称作投资，修葺房屋使其保值，也被看作必要的投资。珠宝，汽车……几乎所有一切都被当作“投资”。

几年前我买了一块很漂亮的手表。我确信这块手表具有很大的增值空间，几年之后卖掉它，我将会获得一笔可观的收益。当然，我认为自己做了一笔明智的投资，并引以为傲地告诉了我的教练。

教练的反应让我大吃一惊。他告诉我，购买这块手表是一种投机行为，并不是投资行为。他说："投资者是从购买投资产品起就开始获得收益，而并不是要等到卖掉产品时。"

一笔投资是从最初开始就会定期获得收益的。只要没有获得收益，那么你就只是投入了金钱，但并不是进行了投资。我的教练说："投资者能从投资项目中定期获得收益。谁要是在转卖时才获得收益，那么他就不是投资者，而是投机者。"

大部分的人积蓄太少。而储蓄的人，又常常只是投入金钱，却丝毫没获得收益回报。

投机

投机本身没有什么错。安德烈·科斯托拉尼就是一位投机家，而且做得非常成功。他通过投机取得了巨大的财富。投机不仅是他的事业，还是他一生的热情所在。

安德烈·科斯托拉尼告诫说："人类不能指望投机让自己定期**赚取收益**。**一个人**可能会在股市赢得很多钱或输掉很多钱，却不能通过股市**赚钱**。"

我们也可以说，投资者赚钱，投机者**赢钱**。再强调一次：投机不一定是坏事。**坏的是，你实际上做着投机的行为，却认为自己在进行投资**。你必须清楚，你究竟把钱投到了哪里，你不应该期待并不可能的定期收益。

投机可以让你获得成功，或是失败。多数时候，成功还是失败并不是你能左右的。在大多数情况下你将无法影响结果。几次小盈利通常足以让你增加财富。我从事投机活动很多年了，它不仅让我觉得很有趣，也给我带来了一大笔财富。但是我不会期待从中获得定期的收益，因为这点在投机活动中是不可能存在的。

股票和股票基金

请允许我再重申一次，在投机活动中，你不应该期望去获得定期的收益。你可能会遇到糟糕的意外情况。很多人在股票和股票基金上都有过这样的遭遇。他们原本期盼着从自己的股票和基金中定期获得收益，却忽视了购买股票也是一种投机行为。

为了防止出现误会，我声明，我并不是反对股票和股票基金。相反，我认为股票几乎是大家都避开不了的。甚至可以说，股票是我们整个经济体系的基础，所有一切都围绕着它。

要是没有投资者提供可供支配的资金，让公司可以招聘新的劳动力和从事投资活动，并将公司发展壮大，那么这个我们所认识的世界，就将会分崩离析。大多数岗位将不复存在，整个世界也将无法运转。

我购买股票基金很多年了。尽管我犯了很多错误，但还是实现了资产增值。在过去几年里，购买股票基金被视为让财富翻倍的最佳途径。但是购买股票和股票基金依旧还是投机，并不是投资。

从股票方面来说，除了股息之外，你只有在卖掉股票时才能挣到钱。同时你可能盈利，也可能亏本。

做什么

出于这一原因，你只能将积蓄的一部分用作投机。大部分情况下，一半的积蓄足够了。因为没有人能保证之后的情况会怎样。只要持有股票不卖，都无法从这项投机中获得收益。准确地说，没到卖的那一刻，你都一无所有。

关于投机，这里还有一个重要的限制条件：如果你购买股息稳妥的股票和基金，那么你可以排除掉大部分的偶然因素。股息，就是定期获得的资金支付，也就是收入。以获取股息为目的而持有股票则属于投资。

此外，有两种经典类型的行为属于投资：投资不动产和创办公司。你选中一处不错的不动产，在投资初始就定期获得收益。同样，运作良好的公司会持续带给你回报。重要的是，要准确知道你在这两种情况下做的事情。想要学会如何巧妙地投资，必须付出时间和精力。而不愿为此付出时间的人，投资基金是唯一的选择。但这样的话，你又需要保持足够的现金储备。

投机者也是商人

严格来说，投机者和商人一样。许多把自己看作投资者的人，实际上是商人。投资者为了持有金钱而购入产品，从一开始就能获得收益。而商人以尽可能低的价格购入产品，希望能够高价卖出。你买入一只母鸡也许是出于两个原因：希望母鸡生蛋，或者希望高价卖给肉贩。

两者都需要拥有相关知识。商人必须知道买入和卖出的最佳时机。这不一定和买入产品的实际价值有关，**只要能以高出买入价格的售价卖出就足够了**。换句话说，商人必须正确地评估市场。相反，投资者就必须对不动产或公司进行评估，并预估可能产生的利润率。

现在结论已经很明显了。掌握两点知识很重要：清楚买入卖出的最佳时机，能够正确估算价值和利润率。一位优秀的投资者应当掌握这两点。

因此，优秀的投资者也得会投机。因为这有助于投资。学会正确分析市场和趋势是十分有益的。同时选择一些稳定的投资组合，这会降低风险，而且不需要你额外花费很多时间。

原则二：区分债务和投资

前面我已经概述了债务和投资的区别。接下来，这个关键的问题会使这一区别更加清晰：金钱流向何处？流向你还是远离你？如果金钱远离你，这就是一种负债。如果金钱流向你，那这便是投资。

许多人在财务上都没有什么积累。不是因为他们挣得太少，而是因为他们花得太多，投资太少。负债越多，我们的投资就越少。教练让我饲养一只“鹅”。“鹅”代表的是投资项目。他以一辆昂贵的汽车来代表债务。债务情况如下图所示：

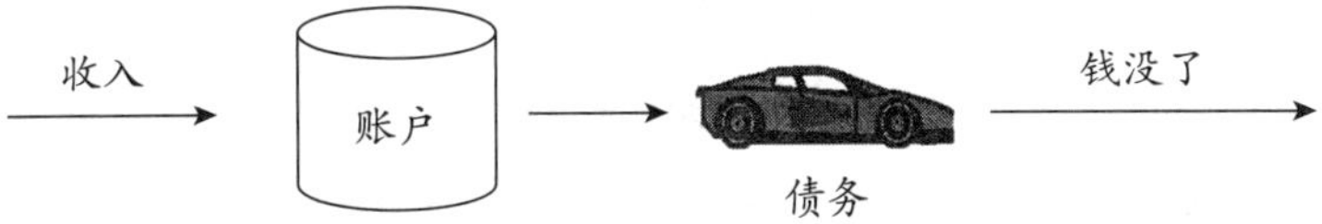

而投资的图示情况则完全不同：

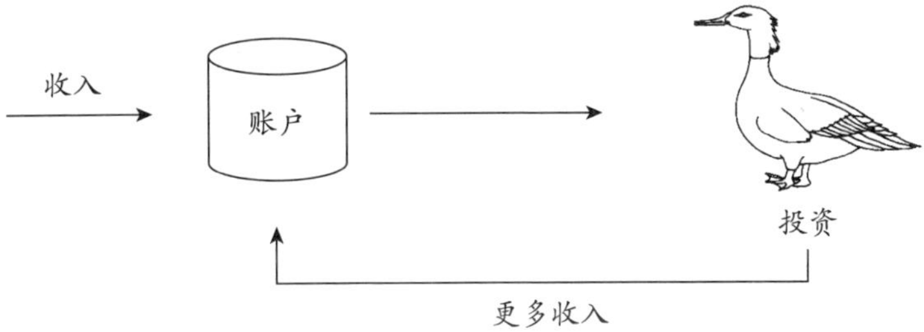

现金的流向说明一切。负债使金钱最终离你而去，投资则增加你的收入。

自住房又是什么情况

还记得我说过我父母把房子看作投资吗？一处用于自己居住的房子或者公寓其实并不是投资，而是债务。

我相信你也许听到过完全不同的说法。很多人不是说“住房是最好的投资”吗？然而你想想，都是谁在这样说。谁在散布这个谣言？大部分都是信贷机构和银行。当我在讲座上向学员解释这个问题时，一位年迈的女士问我：“但为什么银行要声称自住房是一种投资呢？”我的回答让她大吃一惊：“因为事实本身如此。”

她很疑惑：“你刚才不是说，自住房是债务而并非投资吗？现在你又说自住房是投资。哪个是正确的呢？”

我解释说：“两个说法都正确。关键的问题在于：对**谁**来讲算是投资？投资使你定期获得收益，债务使金钱从你的口袋中流走。当你贷款买房后，你需要每月支付利息。金钱就从你的口袋中流走了，因此，对你而言，你的房子不算是投资，而是债务。”

女士点头道：“这样我就明白了。”我接着说：“这部分从你口袋中流走的利息，就流到了银行的口袋里。对银行来讲，这是个超级划算的买卖。你从银行借钱，每月偿还利息，除此以外，还要将你的房子和所有资产作为担保。银行说房子是种投资当然是正确的了。只不过没有说清楚**对谁**来讲算是投资——也就是说，投资不是针对你而言的。购买房子对于你是一种负债行为，但对于银行就是一种投资行为。从一开始你就要偿还利息，只要贷款尚未还清，房子就是属于银行的。”

当你还清房贷时，情况又如何

我之所以强调这个区别，是因为我有意识地想让我们也像银行一样去进行投资。对别人而言，我们的支出则是他们的收入。我们的债务于对方而言则是一种投资。

这位女士还问了我一个问题："但是房贷总有一天会被还清，那个时候房子就属于我一个人了。那时候算是投资吗？"

我答道："当教练第一次向我阐述这一区别时，我也问过同样的问题。他对我说：对大多数人而言，还清房贷都需要25年至30年的时间。然而即使还清了贷款，也不会从房子中获取收益，只有卖掉房子时才会。"

女士又问道："好了，我懂了。但是我的房子如果不是一种投资，那算作什么呢？"

我回答道："就算你还清了房贷，你的房子还是一种债务。因为你需要不停地缴一些费用：税费，保险费，维修费，装饰费，置物费。最好不要把房子看作投资资产，而应看作奢侈资产。把房子看作投资资产让你安心，而奢侈资产是很费钱的。"

首先进行投资

我不反对买房。恰恰相反，我认为一套房子或者公寓能为我们提供一定的生活质量。房子是一种奢侈品，却是一种有意义的奢侈品。关键在于**什么时候买房**。是先投资，还是先负债。

如果你在投资之前就先买房，你也许就没有足够的余钱来投资了。相反，如果你选择先投资，你也许会因此获得额外收益，从而轻松购买一套房。

教练当初对我说，许多家庭之所以不能过上富足的生活，是因为他们不遵循这一顺序。很多人竭尽全力购买一套昂贵的房子，之后便没有可以用作投资的资本。教练把这类人称作“房奴”。他们虽然工作很努力，也挣了很多钱，但大部分是在为银行打工。虽然他们认为自己是在为房子而辛苦，但实际上是在为银行拼命工作。他们支付的利息就是银行的收入来源。

最糟糕的是，人们根本认识不到债务和投资的区别。正如上面所说，他们购买自己的住房作为投资，认为自己没有做错。但是无法理解，为什么自己的财务状况会越变越差。

原则三：确定你的资产类型

你必须确认你有哪些可供选择的资产类型。这是根据基本原则进行投资的唯一途径。财务投资只有三个主要类别：

1. 货币资产；
2. 有形资产；
3. 赌博。

货币资产投资即以钱投钱。缺点在于：通货膨胀和税费占去了大部分本就微薄的收益。优点在于：这项投资相对比较安全。你当然不应该放弃它们。

在有形资产投资中，你将资金转换为固定资产——比如不动产，投入企业投资份额、股票及股票基金等重大资产。

有形资产风险较高，对相关知识要求程度更高。但也会带来高回报。

赌博是你在玩你的钱。我的教练说过："赌博只能作为娱乐。绝对不能把赌博和投资混淆。"我的建议是：远离赌博，直到你真正清楚自己在做什么。

为什么需要做此区分呢？答案很简单：为了建立起投资的系统性。你绝对不能随意地进行投资或花钱。

你需要确定的是，你希望将多少钱投入货币资产中，多少钱投入有形资产中。问题**不在于**哪一种资产更好。

真正的问题在于：**我要怎样分配手中的资金**。

关于这个问题，我无法给出简单的答案。这取决于至少4种因素：

1. 你的目标是什么？（下一章将讨论设定你的财务目标。）
2. 目前你手上有多少资金可以投资？
3. 你准备承担多大风险？
4. 你的年龄？或者，你什么时候需要支配多少钱？

为了确定在货币资产投资和有形资产投资上分别该投入多少资金，你必须做出几个重要决定。这个问题我们将在本章结尾进行讨论。

原则四：有形资产完胜货币资产

长期以来，有形资产投资一直都胜过货币资产投资。

主要原因是通货膨胀。当你投入一部分金钱在货币上，这笔货币的价值会随着通货膨胀而贬值。同样多的一笔钱，今天能买到的东西和10年前就完全不同，因为所有东西都涨价了。

也就是说，把钱存入储蓄账户的人，越存越穷。假设：你的储蓄账户上有1 000欧元。一方面，在平均通货膨胀率为3%时，经过一年，你的资金只剩下970欧元。另一方面，你将从银行得到2%的利息，20欧元。你获得的利息还不够弥补由于通货膨胀而亏损的部分。

通货膨胀吞噬了你的钱，因为所有东西都变贵了。当物品涨价，你的有形资产也跟着涨价。要是你投资了不动产，它的价值便会升高。股票也是如此。如果所有的物品都涨价，那么你的有形资产也会涨价。

我们常听说，每年的通货膨胀率（货币贬值）平均为3%。这个说法如果正确，且假定之后也一直保持在这个水平线上，这就意味着，若干年后，你的1 000欧元还剩余如下：

- 10年后：737.40欧元
- 20年后：543.80欧元
- 24年后：481.40欧元

真正的通货膨胀率

让人失望的是，实际情况更加糟糕。3%的通货膨胀率其实与事实并不相符。你想想引入的欧元，许多人称为“贵元”。统计数据太容易误导民众了。引入欧元后，几乎所有的东西都变贵了。这一点我们大家都有亲身体会。但是统计数据企图让我们相信，通货膨胀率会一直保持在 1% 的水平上。而实际上，这一数字早已达到了 4%~5%。

你回忆一下，1965 年时一个面包卖多少钱？只卖 10 芬尼（=5 欧分）。一张邮票呢？只卖 20 芬尼（=10 欧分）。一张德国报纸 10 芬尼一份，也就是 5 欧分。男士剪个头发花费 3.8 马克，还不到 2 欧元。那时候，一辆奔驰 200D 的价格换算成欧元，为 4 300 欧元。

这些例子说明，物品的价格实际上每年提高了 4%~5%。大约每 18 年就会翻一番。这表明，你的钱最多每过 18 年就会贬值一半。但同时也意味着，平均每 18 年你的有形资产投资的价值就会翻一番。

根据下面的公式，你可以较为容易地计算出通货膨胀对你的影响：

72÷ 通货膨胀率 = 货币资产对半贬值所需的年数

比如，当通货膨胀率为 4%，那么用 72 除以 4，结果为 18。也就是说，18 年后你的钱就会贬值一半。当通货膨胀率达到 9%，货币对半贬值的时间则只需要 8 年。关于这些通货膨胀的数据，我们都是有目共睹的。

通货膨胀是你的朋友

总之，我们可以说，通货膨胀是你金钱方面的敌人，也是你有形资产方面的朋友。好消息是：在这种相互关联的影响下，你的存款如何贬值，有形资产也将会如何升值。

简单来说，**在货币资产上被称作通货膨胀的情况，在有形资产中被称为升值**。你要是投资有形资产，则不必担心会出现通货膨胀。因为同样是通货膨胀，让你的金钱贬值，也让有形资产升值。

原则五：你必须承担风险

你想要实现财务自由吗？或者你更愿意追求最大限度的安全？许多人在回答这个问题时都说："我两个都想要。"很遗憾，鱼和熊掌不可兼得。没有人能够既追求财务自由又保证绝对安全。

原因很简单：自由和安全是互相排斥的。就如同两条反向延伸的道路。当我们选择其中一个方向后，就会离另一个目标越来越远。

许多人虽然梦想拥有财务自由，并且也往这个方向走了一段路，但同时他们又认为安全是非常重要且不可或缺的。于是又走上了安全之路的方向。形象地说，就是他们往一个方向走一步，接着又往另一个方向走一步。结果是他们始终还在原地。就如同一只仓鼠，奔跑在它的小转轮上。虽然一直不停地跑啊跑，但一直都在原地踏步。

自由和安全是相互矛盾的。追求自由的人和看重安全的人完全就是两种人。后者愿意牺牲自由来换取更多的安全。追求的财务安全程度越高，他们失去的财务自由也就越多。

安全不是绝对保障，自由不是无拘无束

追求安全的人，首先是想保证不亏损。他们对于亏损的恐惧感远远高于想要赚钱的欲望。相反，追求自由的人则想要赚钱。这类人赚钱的欲望就远远超过对亏损的担忧。我的教练常说："投资不是为了不亏钱，投资就是为了赚钱。"换句话说就是，投资你的存储资金来增值，而不是越存越穷。

对安全的担忧，对人们是个很大的劣势。追求绝对安全的人往往会恐惧。追求安全的这类人正是最胆怯的这些人。他们的世界总是黑暗且充满危险的。过分沉迷于安全的人，世界观总是消极的。他们总是会发现新的危险。

仔细想想，其实安全从来不是绝对的保障。因为如果你只将金钱用于稳定的储蓄，可以肯定的一点是：通货膨胀和税费将会蚕食你的钱。一个只选择"安全"储蓄的人，多年后，和愿意冒险的投资者相比，他可以支配的金钱肯定会少得多。

但是自由也并非无拘无束。自由是要付出代价的：勇气、毅力以及时刻准备着犯错。自由的代价绝不只是一点点：不时出现的恐惧，怀疑，很少得到他人的理解……但是只要你鼓足勇气，敢于去做，拥有面对错误的意志力，并且学会直面失败，那么你将能够获得只有少数人能体会到的自由。

失败

胆敢冒风险的人，也一定要准备好经受挫折。如果有人说："这对我来讲风险太大了。"那么他其实同时也在表达这一层意思："我不想犯任何错误。""我觉得犯错没有任何好处。"

真正的投资者清楚：损失也属于盈利的一部分。正如没有心碎过的人，不懂如何真正地去爱。也没有哪一位富有的投资者没有经历过亏损。但我却认识很多穷人在投资上从未亏损过……

想要彻底规避风险是一件危险的事情。因为这样你会失去很多金钱，远比你能挣到的还要多。只有敢于尝试新事物，才能长期盈利。敢于尝试新事物的人，肯定会犯错。在这一点上，犯错是很重要的：它让我们提高注意力，并且保持谦虚。谦虚的人能比自以为无所不知的人学到更多东西。

关键在于我们如何看待自己犯下的错误。我们将其看作一种罪责？还是看作未来的负担？还是看作对未来的一项投资？

结论

这有什么实践意义？你应该把一部分资金用于货币资产，包括定期存款账户、货币基金和债券。但是，另外一半的资金要用于有形资产投资。如果你没有时间投资股票，那么你可以选择股票基金。如果你想努力成为一名投资者，就还需要投资不动产和公司。

原则六：分散投资

这条原则是重中之重。不论你想选择一条快捷的路，还是缓慢的路，你都应该：分散投资。

没有人能预知未来。因为不能，所以几年后我们才能回头看到哪一些投资是最成功的。因此，除了分散投资，没有其他更好的办法了。

我们不知道接下来 10 年将会面临的是通货膨胀还是通货紧缩，经济繁荣还是经济衰退，或者甚至是大萧条。因为无法预知，所以一部分钱应该用来投资货币资产，另一部分投资有形资产。在货币资产投资中再分散资金。我们也不知道哪些有形资产走势最好。因此，在这上面也要进行分散投资。购买在全球范围内运作的基金。同时也应该购买不动产（股票）。如果你没有这么多资金，就把一半的钱用来购买货币基金，剩下的一半分散购买几个大型的股票基金。

原则七：投资家和普通投资者是有区别的

普通投资者关心的是平均水平。比如，他们通常会问：“这些产品在过去 5 年、10 年或 20 年的平均收益情况如何？”**平均水平的产品针对的就是普通投资者**。平均水平的产品完全符合一条缓慢的理财道路。但如果你想快速致富，那你就必须比普通投资者技高一筹。

普通投资者大多只有在牛市时才能盈利。熊市时他们就只有一个选择：等待市场好转。投资家在不景气的时段里并不会无所事事地等待，他会继续进行交易。这需要很多的时间以及专业知识来支撑。

他的交易不可能总是一帆风顺，但他能从错误中汲取经验教训，永远不会因此而气馁。投资家把犯错看成是成功的必要部分。普通投资者则不喜欢犯错，他们将其看作个人的失败。

普通投资者一味地相信，起起落落的股市中，平均行情总是会上涨的。在某种意义上，他们把驾驶的飞机调到自动驾驶状态，静观其变。过去的 50 年间，事实数据显示，上涨幅度大于 12%——根据长期数据算出的平均水平。尽管经历了很多危机，崩盘和一些战争，**平均涨幅还是不错的**。普通投资者追求平均水平，就是如此。这只不过是一个选择问题。

我们总是要为自己的选择付出代价：如果你是一名普通投资者，在行情低迷期几乎只有无能为力地任其宰割。你能做的仅仅是抛售股票，但赚不到利润。或者你选择继续持有股票，期待行情能有所好转。但是在这之前，你也赚不到利润。当然，你确实有一个巨大的优势，你几乎不需要耗费时间在投资上。不过，如果过去的趋势继续下去，你将有超过12% 的平均收益。

但如果你想成为一名真正的投资家，你就必须不断学习，并花费很多时间在投资上。

对冲基金

正如我们之前说过的，真正的投资家不满足于像普通投资者一样，只在行情上涨时取得收益。因此，富有的投资家通常都持有对冲基金。就如同栅栏把羊群圈住，防止它们跑开一样，对冲基金（栅栏）能防止投资遭受巨大损失。对冲基金能够在行情低迷期借助期权使自身得到保障。对冲就像是一份保险，一份针对损失的安全保护。

在普通投资者面临亏损，资金无法受到保障时，对冲基金会尽力地保障自身。在暴跌的投资市场中，对冲基金也能创造收益，甚至是巨大的收益。

当然，也不存在完全的安全保证——即使人们一直认为对冲基金是最明智的选择。实际上，由于复杂的杠杆作用，投资风险甚至会上升。普通投资者认为期权具有非常高的风险。事实也确是如此。但是真正的投资家认为：“不为投资行为加以防护措施，风险更大。”

此处讨论的并非什么是“正确的”。任何事物都有两面性。此处的重点只有一个，那就是真正的投资家坚持的原则：不要只是等待，而应该更多地主动出击；不要只是满足现状，而要去寻找新的道路。

两条道路……

在人生以及本书中，我们一直都面临着在两条道路之间进行选择：一条缓慢的路和一条快速的路。你如果满足于在20年时间达到财务自由，那么可以选择走一条缓慢的道路，一条处于平均水平的道路。这并没有什么不对。这只是你自己的人生规划、价值观以及优先考虑的事。这是你自己的选择，你自己感觉舒服就好。

反之，如果你选择走一条快速的路，那你必须比一般水平的人更优秀。你要么比别人赚得多很多，要么创办一家公司，或者你作为投资家并取得非一般的成就。这三种情况中的任意一种，都需要你投入大量的时间，学习，学习，再学习。记住：有教练带领你学习，会事半功倍。

下面，我们就一起来看看你必须面临的一些重要决定。

第二部分：重要的决定

你读完了投资原则，现在是时候做一些重要的决定了。决定的本质在于，你无法同时兼得鱼和熊掌。你必须从两个可能性中做出一个决定。

既然你已经读到了这里，那么我断定你不是只满足于存钱的人。因此，你也不会选择只投资货币基金。

问题一：什么时候才是负债的最佳时机？

哪一个对你而言更重要：尽快拥有一处富丽堂皇的住所，还是先达到一定的财务目标。请你在阅读第十二章**之后**，再来回答这个问题。想要快速致富，那么你必须在达到财务安全之后，才能选择负债。最富有的人甚至在实现财务自由之前都不会选择负债。

问题二：你想投资还是投机？

正如之前所说的，无论如何，你应当投入一部分钱购买股票或股票基金。即使你决定做一名投资者，我也推荐这些资产。最终还是得按照这条最重要的投资原则：进行分散投资。

所以真正的问题是：你仅仅只想做一名投机者，还是想同时也做投资者？思考以下几个问题：你愿意在这里花费多少时间？你愿意承担作为投资者的责任吗？你仅仅只想达到平均水准，还是从一开始就想从投资中获得收益？

让我再给你一个理由说明为什么作为投资者这条路最为快捷：当你想买一处不动产用作投资时，你可以从银行申请到贷款。但是，你不可能从一名理智的银行家那里申请到贷款购买股票。

怎样操作更快？自己存 50 万欧元用作投机项目，或者存 10 万欧元，再贷款 40 万，购买一处 50 万元的不动产？

但不要忘了，这需要你拥有很多专业知识和经验。你要是想学习投资，一定要继续阅读相关书籍，参加讲座，向成功人士学习。

问题三：你打算独自投资，还是和顾问一起行动？

如果每个人都集中全力做自己擅长的事情，就能使自己的生活质量得到巨大提升，一直以来都是如此。别的领域则委托其他擅长的人来做。在我认识到这一点后，我便为自己找了一位优秀的值得信任的顾问。这是一个十分正确的决定。

现在就做出决定吧：你是想靠自己成为一名投资者，自己挑选和管理股票，还是想委托一位懂行的顾问？要找到顶级顾问的最佳方法，便是向富有的朋友打听。

问题四：你打算如何分配货币资产投资和有形资产投资的份额？

正如之前所说，这个问题和你的目标是紧密相连的。相关的知识你会在下一章中读到，同时也包括投资分配的建议。

你的风险承受能力也很重要。这一点很难评估，因为根据不同的个人处境和市场条件，评价方式也不同。如果你想要精确地评估自己的风险承受能力，我建议你做一个测试。可以参考 www.reintgen.de 上面的内容。

然后，资金分配也取决于你拥有多少资金储备。在你完成刚才推荐的测试之后，系统会自动根据你目前的**可用资本**为你提出分配建议。

最后，你必须考虑自己的年龄。下面这个公式可以起到很好的指示作用：

100 —年龄＝股票和股票基金的最高份额。

问题五：你应当选择哪些产品？

你可以通过多种途径去发现适合的产品：咨询一位优秀的顾问或者阅读当前的财经杂志，你也可以登录网站 www.reintgen.de 了解我和我的专家团队发布的实时评估。正如之前所说，上面推荐的所有股票基金和产品，都经过了我们的仔细评定，并且你可以免费获取这些信息。

比如说，以前的你知道通过人寿保险也能获得 12% 的平均利润率吗？

童话和幻想

在下一章中，我将请你做出三个财务计划。规划你的未来是一件困难的事情。我们想象的未来永远不会发生。事情总是与我们预期的不同，或大相径庭，或部分不同。比想象中好或坏，但总归有区别。我们想象中的未来犹如童话，根本不可能成为现实。

我们所说的任何关于未来的事，实际上都是一个童话或者一种幻想。未来是无法预知的。如此一来，其实任何形式的计划都值得怀疑。如果我们都不知道未来将会发生什么，那计划又有什么意义呢？

其实不然。相反，不管怎样，我们都应当有所计划。因为一切的所想、所说，我们都会设法去实现它们。我们为自己编织的童话或者幻想，也会在很大程度上成为现实。

塑造未来

未来也几乎总是被计划好的。如果你自己不做计划，会有别人替你计划。要么你勾画自己的人生草图，要么别人替你来做。按照计划行动，就是在塑造未来，一步一步地实现自己的梦想。

我们无法预言未来的样子，但可以塑造它。不过这不仅针对积极的想法和话语，也适用消极的一面。悲观消极的想法也会呈现出成为现实的趋势。许多人认为生活中发生了太多不好的事情。危险的是，这些想法成了现实。

你可以尝试和那些整天不开心的人，那些几乎没有成功过和满足过的人交流一下。通常这些人对于自身未来的展望都是消极的。他们常说："我永远不会富有。""财务自由对我而言只是一个童话故事。""我的未来一片昏暗。"

就连这些也都是童话、幻想、不切实际的想法，但是它们恰巧也有着促使想法成为现实的力量。

为了肯定自己的想法，这些人会和那些同样认为未来黑暗的人一起诉说交流。悲观者吸引来的也只是消极者。

一个始终消极看待未来的人，最终会真正过上黑暗的生活。那时他们就会说："看吧，我说对了吧。那些盲目积极的人是迟早会失望的。"

这群悲观者并不是提前**预测**了未来，实际上，他们是一步步地**塑造**了自己未来的生活。

一种巨大的可能性

因此关于未来的所有预想，虽然一方面只是童话和幻想，但另一方面也有着可能成为现实的趋势。这不仅适用于消极的想象，也适用于美好的梦想。

如果这样的话，那我们为什么不给自己勾画一个更为满意的蓝图呢？为什么不选择一种更美好的未来生活？为什么我们要抛开世界上所有积极的可能性，而为自己选择一种自己不喜欢的生活呢？

聚会以惊人的方式证实了这一点。不久前，我参加了30周年聚会，见到了很多老朋友和老同事。我还记得他们多年前说过的一些话。比如一位朋友以前总是说他以后一定会发财。他给自己描绘了一个丰富多彩的未来。有趣的是——他现在真的很富有。

还有一位同学曾经说过："我想要开一家自己的公司。但是我不太会理账。"在校期间，他就开始卖一些小香肠和糖果。后来他还在学校申请到了小摊位。聚会时他告诉我，他之前原本有一家店，生意很好。但因为他不会理账，被合伙人骗了。

每个人都曾为自己的未来设想了不同的童话故事。他们都无法准确地预测未来，但是都梦想成真。

但如果我只相信失败的未来，怎么办

道理肯定每个人都明白。但还是有一些学员在讲座之前对我说："我没办法摆脱自己的消极想法，我知道这样想很不明智，但我就是没办法改变。"

这是一个很严肃的问题。对此，我想说两点。我自己也曾有过这个问题。接下来我会大致讲一下，我的教练当初是如何帮助我的。由于篇幅限制，详细的过程就不在本书中进行描述了。

我开设了一门讲座，我们会详细讨论这些问题。

人生低谷时说的话

在人生低谷期，你会对自己说什么？你会对自己和他人述说一个怎样的未来故事？什么样的未来对你来说是可能出现的？

26 岁那年，我破产了。那时的我真是糟糕透了。母亲对我说："看吧，就是因为你不好好完成大学学业，没有选一份正经的工作。"

那个时候我整天沉浸在悲伤之中，只想躲在被窝里沉睡。我那时连现在的一丝勇气都没有。勇气，只有在逆境中才能成长。

但是，我不愿意承认母亲的话是对的。我说："总有一天我会变得富有，我和你打赌。我保证，你将来肯定会以我为荣。"

然后我陷入了进退两难的境地。我向母亲承诺我一定会变富。我还和教练一起做了很多财务计划，这也是你在下一章中要学到的。除此以外，我还向教练承诺：我会振作起来，不会轻言放弃。我甚至告诉我的朋友和一些同事：我一定会获得成功。我不愿意违背自己的诺言，但又不断地怀疑自己。

人在顺境的时候，很容易积极地展望未来。但在逆境的时候呢？和教练一起的那段期间，我真的经历了很多困境。他总是鼓励我：“现在正是时机，再把你的目标提高一些。”我反驳他：“以现在的情况，这样做并不现实。”

教练接着说：“所有你给自己或向他人描述的未来，都只是一个童话故事。因此，你最好给自己编织一个美好的童话。这样，当你的童话故事成为现实时，你才会生活在美梦里，而不是生活在噩梦里。”

有时候他会很突然地问我：“你关于未来的设想是什么样的？”他不允许我有消极的态度，所以我总是给他描绘一些很美好的愿景，美好得有时候连我自己都不相信。我也向他讲述自己的疑虑。

他说：“有疑虑是很正常的，其实这就是对未来存在的消极想法。有两件事很重要：第一，除了我之外，你不能告诉任何人你对未来的疑虑；第二，每当你内心产生怀疑时，最好马上给我打电话。这样我们就可以马上谈论一些关于未来的美好愿景。”

我照着教练的话做了。我的怀疑随着时间渐渐减少了，积极的愿景在心中不断增强。

因此，再强调一遍本书第一部分给出的建议：多和积极向上的人，以及那些喜欢听到美好梦想而非噩梦的人交往。

谁害怕妖怪……

你小时候玩过“谁害怕妖怪”这个游戏吗？我曾经很长一段时间害怕妖怪。那时我必须检查床下和柜子里是否有人。天黑以后我绝对不敢去地下室。

许多人在成年后很长时间都害怕妖怪。妖怪意味着：邪恶的老板、税务官员、竞争对手……如此一来，他们夜不能寐，又为自己描绘出幽森可怕的情景，这简直就是噩梦。

许多人的反应和儿童游戏一样：妖怪来时，大家四散逃跑。然而，逃避未来的人，避开的不仅仅是可能发生的不幸，也有他的幸运。他们就这样逃离了自己原本应有的未来。逃跑成为他们的计划，替代积极有益的财务计划。

设想一下，我们身体里住着两个小人：一个代表财务失败者，他觉得未来一片灰暗；另一个代表财务成功者，他觉得前途一片光明。两者都描绘了一个关于未来的童话故事，而且两个故事都是可能实现的。

听从美好的声音，不要听信充满怀疑和消极的那些话语。要相信美好的愿景，为自己编写一个你希望其成为现实的童话故事。接下来参照下一章的内容来做好计划。

按照计划，一步一步地执行，梦想就会成为现实。

本章要点

- 学会如何区分投资、投机和负债项目。
- 投资者在购买投资产品时就能取得收益，而不是等到卖掉产品时。
- 不要太早地选择负债。在买自住房之前，你应该要拥有一定量的积蓄。
- 你自己居住的房子不属于投资产品，它属于奢侈品。
- 投资者赚钱，投机者赢钱。
- 有形资产胜过货币资产。
- 如果想要实现财务自由，就要敢于冒险。
- 分散投资：一部分资金用于货币资产投资，一部分用于有形资产投资。
- 作为一名投资者，要不断地学习，充实自己。
- 做出决定：你想花 15 年至 25 年的时间来实现财务自由，还是想走一条更快捷的路？你想做一名投机者，还是想成为一名投资者？
- 我们无法预测未来，但是我们能塑造自己的未来。
- 跟随心中积极向上的声音。梦想是可能成真的。

第十二章

财务保障、财务安全和财务自由

有两条通向幸福的道路：降低要求或者增加财富……聪明的人，会同时给自己创造两条路。

——本杰明·富兰克林

每个人都有权利去实现自己的财富梦想，你也不例外。但为了让梦想成为现实，首先，你必须对目标要有一个准确的认识。

你如何才算拥有财务保障、财务安全和财务自由？它们的定义和区别是什么？你需要多少资金、多长时间才能达成目标？

第一步计划：财务保障

也许你已经听说过很多关于目标确立的建议了，那么你是否想过，将这股力量用于改善你的财务状况呢？

请回答一个问题：假设你突然断了经济来源，欠你钱的人无法还钱；或者公司破产，你被解雇了；或者你生病了——这样的情况下，你能支撑多长时间？

这正是我们要谈到的财务保障。尽管遭遇突如其来的经济变故，你还是能依靠积蓄继续保障自己的生活。

我们先来算一下，紧急状况下，你每个月会有多少支出。请写上你的固定花销，也包括你偶尔生病时需要的费用。如果你是一名雇员，只需要填写“个人花销”这部分。如果你是个体经营者，还要另外填写“业务支出”这部分。

个人花销：

房屋抵押贷款／房租：	____________欧元
伙食／日常家务开销：	____________欧元
汽车：	____________欧元
保险：	____________欧元
预付税款：	____________欧元
家务费用：	____________欧元
通信费：	____________欧元
信用贷款：	____________欧元
其他：	____________欧元
	____________欧元
每月开支合计：	____________欧元

业务支出：

房租抵押贷款 / 房租：	______________欧元
办公费用：	______________欧元
发放薪水：	______________欧元
通信费：	______________欧元
代理机构花费：	______________欧元
信用贷款：	______________欧元
其他：	______________欧元
	______________欧元
每月开支合计：	______________欧元

根据上面的数字，你达到财务保障，每月需要收入多少呢？

个人花销：	______________欧元
业务支出：	______________欧元

你需要多长时间的财务保障

需要多少个月的财务保障，取决于你的保障需求和你的乐观程度。

让我们假设你生病了，丢了工作。在你病愈且找到满意的新工作之前，这种情况会持续多久？为了感觉有保障，大部分人需要 6~12 个月的储备金。

你认为多长时间后你必须重新开始工作？

________月。

现在用财务保障所需的每月收入乘以需要的月数：

______欧元 ×______月 =______欧元。

你刚刚算出来的这个数字，便是你财务保障需要的绝对最低数。要对你自己、你的健康、你的幸福感，以及对你的家庭负责，你必须拥有这个数额。

有了上述这笔金额，你才可以安心地花时间去寻找满意的工作。只有如此，你才能放心前行。即使一直以来都没有什么意外发生，你还是应该坚持。因为有了这笔储备金，你才拥有安全感。安全感是每个人都需要的。当你面临困境时，有支持你的后盾，你才可以更好地解决困难，财务保障便是我们所说的后盾。

没人能保证自己在意外和不幸来临时不受伤害。但是我们可以未雨绸缪，让我们在意外发生时，能够从容面对。如果意外来临时，我们还要面临财务危机，或者是因为财务问题而妥协，那才是真正的不幸。

为你的企业做好财务保障

在德国，80% 的公司都会在前 5 年内破产。破产的主要原因是缺乏资金。

超过 2/3 的受访企业主证实，另一个同样重要的原因是客户付款信用不良。坏账和延迟付款就是最大的问题。

因此，财务保障不只是你的个人需要，它对于你的企业也同样重要。你想想，如果你的公司突然断了收入，你需要多长时间的财务保障呢？有的客户不按时付款，有的要等收到你的律师催款函才去付款，有的甚至要被起诉后才付款，那么这笔钱就需要由你先垫付。有时候由于一些意料之外的情况，你还有可能输掉诉讼。或者你赢了这场官司，但是由于对方没有偿还能力，钱还是收不回来。

要给你的企业准备足够的财务保障，不到万不得已，不去碰这笔资金。

但我想投资……

在企业发展初期和上升期，你不能将所有资金都用于公司建设，这也许会伤害你的企业家精神。但是请你不要忘了那些不可预测的情况。在计算资金时，永远不要将墨菲定律抛到一边。**投资好，但抓准时机投资会更好**。

经济运行是周期性的。下一次经济衰退会不可避免地发生。假设你面前是个经济低谷，也许你的公司会淹没在这个低谷中，如果这时你刚好有足够的资金，就去抓住机会。没有哪个时期比经济衰退期更适合投资。但手上有资金才行。若把所有因缺少财务保障而破产的公司，以及在经济危机时期因为拥有资金而获飞跃发展的公司列一个清单，恐怕一千本书的篇幅都不够。

因此，如果你真的具有一颗做好企业的心，请一定做好企业的财务保障。选择一项合适的理财方式，在取得不错收益的同时，保障你的公司在危机时期免遭破产，并提供积累财富的机会。

实现财务保障需要多长时间

这里有一个简单的规则：**目标越小，实现的速度越快**。这和第四章中讲过的内容并不矛盾。第四章中讲的是长远目标。长远目标越高，越“现实”。

财务保障是短期目标：这应当是你下一个目标，一个必须尽快完成的目标（如果你还没有实现）。

三个理由可以说明为什么一个小的初期目标是有益处

的。我们先来看一个例子。

“败家子”保罗的净收入是 2 500 欧元，支出为 2 375 欧元。他每个月只能存 125 欧元。为了获得安全感，他想有 10 个月的财务保障，因此一共需要 23 750 欧元。要用每月结余的 125 欧元实现这笔财务保障，他需要花 15 年零 10 个月的时间（不算利息）。因为财务保障涉及的是第一个最低计划，“败家子”保罗很快就会失去兴趣，选择放弃。这时，墨菲定律已经埋伏在下一个街角了。

“守财奴”海蒂每月的净收入也是 2 500 欧元。她也希望有 10 个月的财务保障。但是她每个月 1 750 欧元便够用了，因此她的目标较小，她只需要 175 00 欧元。另外，她每个月结余较多，可以更快地实现这个小目标：她只需 2 年时间便可实现！

3 个理由说明小的财务保障目标更有利：

1. 第一个目标较小时，你能更快地实现。

2. 你每月开支越少，结余越多，越能更快地实现自己的财务保障计划。

3. 你能坚持下去，是因为第一个目标让你感觉触手可及。

预算计划

我不太喜欢严格遵循预算计划。但是每个人都应当定期算一算，好让自己清楚每个月到底有多少开销，看看把钱都花到了哪些地方。只要你还没有实现财务保障，你就必须得考虑对预算进行计划。

只要你认真做这件事，你定会大吃一惊。在下面你可以找到一张空白的预算计划表。首先列出你所有的收入和开支。

单单这份表肯定不足以做成一份计划。但你可以从中获得很多有用信息，认识到你在缴税、汽车、电话这几栏花费了太多的钱。

当然，预算要以这份清单为基础。在你列出所有开支后，才能开展计划。你有两种选择：

1. 在每一栏后写下你的理想花费，不用考虑是否现实，也不用考虑你需要如何紧衣缩食。有些计划一开始看似不可能，但总能找到出路。

2. 先写下你计划的月支出最大额。然后看看，为避免超出预算，在哪些项目上可以削减开支。

	目前数字		将来数字	
	总值	净值	总值	净值
1. 非个体经营				
2. 个体经营				
3. 农林业				
4. 租金收入（冷租）				
5. 兼职收入				
6. 退休金，养老金				
抚恤金				

续表

	目前数字		将来数字	
	总值	净值	总值	净值
保险				
失业保险（医疗保险 / 工伤保险）				
7. 职业供给机构 直接保险				
资助基金				
养老基金				
8. 投资				
9. 保险救济金				
10. 新生儿抚养津贴				
11. 子女补贴费				
12. 其他：______				
13. 其他：______				
14. 度假津贴				
15. 特别津贴 (13. 薪金）				
总收入				
应纳税年收入				
纳税等级 / 有孩家庭的免税金额				
教会税率（%）				
最高税率（%）				

	目前数字	将来数字
交通费		
1. 机动车辆税		
2. 机动车燃油费		
3. 维修费		

续表

	目前数字	将来数字
4. 机动车保险		
5. 飞机票		
6. 公交，地铁，出租		
7. 租赁费用，贷款		
通信费		
8. 固定电话		
9. 手机		
10. 传真		
11. 电脑：邮件		
休闲娱乐费用		
12. 有线电视		
13. 社团，俱乐部		
14. 兴趣爱好		
15. 体育运动		
生活费用		
16. 幼儿园		
17. 宠物		
18. 烟草		
19. 饮食		
20. 所有家务开支		
21. 服装		
22. 娱乐		
23. 旅游度假		
24. 采买		
25. 餐馆		
26. 理发，美容		

续表

	目前数字	将来数字
27. 零花钱		
28. 进修，讲座		
29. 报刊书籍		
居住费用		
30. 租金及附加费用		
31. 利息，债务		
32. 维修费		
33. 上涨租金		
34. 不动产税费		
办公费用		
35. 房租		
36. 附加费用		
37. 办公用品		
38. 邮费		
39. 办公设备		
40. 员工费用		
储蓄，信贷，保险		
41. 慈善捐款		
42. 储蓄合同一		
43. 储蓄合同二		
44. 储蓄合同三		
45. 税费		
46. 信用贷款一		
47. 信用贷款二		
48. 信用贷款三		
49. 个人医保		

续表

	目前数字	将来数字
50. 个人意外伤害保险		
51. 个人养老保险一		
52. 个人养老保险二		
53. 个人养老保险三		
54. 个人养老保险四		
55. 个人养老保险五		
56. 个人养老保险六		
57. 赔偿保证金		
58. 法律诉讼保险		
59. 家庭财产保险		
其他		
60. 固定支出一		
61. 固定支出二		
62. 固定支出三		
63. 固定支出四		
64. 固定支出五		
合计		

如果预算计划不是你的强项

在制订预算计划方面有一个公认的说法：**为你的强项找一位教练，给你的弱项找一个解决方案**。对很多人而言，做预算计划都是弱项。如果你也如此，那么你需要一个解决方案。

如果到目前为止，你都没有处理好这件事，那这也许永远不会成为你的强项。你现在可以从将之前每月买 10 个冰激凌减少为 3 个、以冰棍代替雪糕开始做起。如果预算是你的强项，这样的行为就有意义。但如果这不是你的强项，那你就需要一个解决方案。

这是一个很好的建议：**不要在一些不重要的事情上成为专家，或者做事情不要本末倒置**。为预算经费中的关键项目找到解决办法才是正确的做法，我认为关键项目是税费、汽车、电话这三项。要是做预算是你的强项，那么你一定可以将这三项调整到最佳状态，并实现真正的奇迹……

1. 税费

在德国，处于平均收入水平的人，半年时间是为自己而工作，剩下半年工作赚的钱都是要上缴给国家的（其中一大部分用于偿还欠款利息）。缴的税越来越高，我们剩下的则越来越少。其他发达国家也是如此。

你一生中的大部分开支便是缴税。如果你工作一辈子挣了 125 万欧元，其中有超过 50 万欧元是要上缴给国家的。

在我们国家，不乏收入很高但缴税很少的人。一部分是通过账面亏损，一部分是通过合法的海外公司结构。

如果在德国境内获得一笔高收入，我认为你应该在德国缴税，当然要在合理范围内利用税收法和专家的建议。当然，世界上有许多可以赚钱的地方。

因此我建议你找一位优秀的顾问。我不是指让你找一位只会帮你整理账务资料的“税务顾问”，而是一位可以真正帮你省下税务开支的人。通常年收入12.5万欧元以上的人就应该聘用一位这样的税务顾问，年收入15万欧元以上的人，税务顾问便是不可或缺的。或者正如亚里士多德·奥纳西斯所说：“我乐于重复过去的一切，但有一个例外，我会早点找到更优秀的顾问。”

2. 汽车

大部分德国人在汽车上花销很大。汽车不是一项投资，它只属于消耗品。

如果你认真查看复利表，我想你会重新审视你的汽车。如果你接下来10年开的车比你目前的车便宜一半，那么也许你25年后会额外多出50万~100万欧元。因为每年在购置费、汽油费、保险费、税费、维修费、养护费等方面节约下来的5 000欧元，通过利滚利，20年后会翻好几倍（根据12%的利润率，20年后5 000欧元会增长成50 000欧元）。就像教练当初对我说的，买车的钱一定不能超过两个月工资。

也许你马上会联想：“其他人是什么想法呢？”对于他们的想法，我很确定的是：这对你的业务不会有太大影响，但对你个人生活的影响却相当大。

最后还得说，中档车和高档车的区别并没有大到值得你去损失这 50 万 ~100 万欧元。至少在你挣到你人生的第一个 50 万 ~100 万欧元之前，这就是不值得的。

3. 电话

我们在电话上浪费了很多时间和很多金钱。几年前，我养成了一个习惯，这一习惯也使我的电话费减少了一半：每次给别人打电话之前，我都会简短地写下打电话的事由：不说废话，直奔主题；事情讲完后迅速结束通话。

确定出你生活中支出最大的前 3 项。除了上述开支，你还可以接着补充：旅行、服装、运动、爱好……

计划，从现在开始

你现在知道，要实现财务保障需要多少资金。你也知道自己能从何处获得这笔资金。但还是希望你在实现第一个财务目标前制订一份预算计划。

现在你需要一份计划。确定要实现财务保障，你想要存多少钱：

我想每月存________欧元；

因此我将于________月内实现财务保障。

能量贴士

尽可能快地实现财务保障。

- 世界上不可能有人从来都没有实现过自己的最低目标。
- 你对自己，对你的健康，你的家人和你的自我价值观是负有责任的。
- 随之而来的是：你在财务上会获得安全感。
- 把这笔钱存放在安全且容易支取的地方。
- 你以此奠定了富裕生活的基石。
- 由此你已经达到了真正自由的最低限度。

要么开源，要么节流

你更愿意开源还是节流呢？事实上，除了这两个选项，你还有一种选择。本杰明·富兰克林有一个很恰当的描述：

“有两条通向幸福的道路：降低要求或者增加财富。两者导向的目标是相同的。不同的只是每个人会根据自身习惯选择出最适合自己的捷径。

“在你生病或者生活穷苦潦倒时——你立马就会体会到，降低要求会有多艰难，更不易的是，增加资本。

“如果你积极、富有、健康、年轻且能力超群，可能增加财富比降低要求要容易一些。但如果你足够聪明，你会同时两者兼顾，无论你年轻或年老，富裕或贫穷，疾病或健康；

如果你再聪明一些，你会用同一种方式去兼顾两者——为社会幸福做贡献。”

去走你感觉相对容易的那条路，最好能两者兼顾，至少坚持到你拥有财务保障。到那时你就已经走完超过一半的路程了。之后的路程相对来说会轻松一些。万事开头难，你必须改掉自己之前的信念和习惯。

开始阶段简单的事情以后会变得困难，开始阶段困难的事情以后也会变得简单。储蓄并不难，但由于这对你而言是一项全新的开始，所以在开始阶段你应该会感到十分陌生。

用储蓄明智地投资不是一件易事，但你会觉得相对简单，因为有很多容易上手的投资形式，因为你有投资顾问、内行的朋友和其他可供参考的例子。

你要用这笔资金为实现财务保障做些什么

你需要一个计划和相应的思想来管理你的资金。在本章末，在你完成两项财务计划之后，你将确定你最终的投资哲学。

我们再来列一下基础要点。请你回忆下我们第六章中讲到的关于债务的内容。你需要一笔大约 25 000 欧元的资金，而且不能让别人知道这笔资金的存在。此外，这笔资金中至少有一部分是可以迅速支取的。这笔用于财务保障的资金，你可以将一部分存入银行，另一部分用于能快速提现的理财方式。

无论如何，你应当为这笔钱选择一个安全稳固的投资方式。当然，你承担的风险小，从中获得的收益也不多。但是这笔资金的首要作用是保障。因此除非发生紧急情况，你万万不可动用这笔钱，更不可以把它用作投机项目。

投资旨在每年都获得收益。投机的性质则完全不同，你购买一种产品，期望将来卖出时能获得收益。在这期间，这项投机产品则无法为你带来收益。因此，个人住房或一块昂贵的手表不能算作投资，而是投机。

可口可乐的故事

在古代，无力偿还金钱属于犯罪行为。在古巴比伦，债权人甚至可以把债务人当作奴隶进行贩卖，这也就是当时所谓的债务监狱。

但是直至今天，我们也时常看到，没有财务保障的人如何受到生活惩罚。可口可乐诞生的故事也清楚地展现了这一点。

约翰·斯蒂斯·潘伯顿医生创造了一种由糖、水、古柯叶、坚果和咖啡因组合而成的全新混合饮料。他声称这种饮料可以治愈所有神经性疾病，包括头痛、神经质和抑郁症。最特别的是，它能将饮用者带入极其美妙的状态。

销售宣传的第一年，潘伯顿医生花费了 73.96 美元做广告，只卖出了 50 美元的产品。接下来的 5 年，这种状况没有取得太大改善。由于资金缺乏，潘伯顿医生把配方以 2 300 美元的价格卖给了亚特兰大的一位药剂师。

药剂师凯德勒有足够的资金让产品合理地打入市场。11 年后，他以 2 500 万美元的价格把可口可乐公司和配方卖给了欧尼斯·伍德瑞夫。伍德瑞夫是一位银行家，他把这家公司转变成了股份制公司。第一年他就卖出了价值 4 000 万美元的股票。除去收回投资，他获得了 1 500 万美元的可观收益。

1929 年至 1937 年爆发了全球最大的经济危机。尽管如此，还是有一些人在进行投资。谁要是在 1932 年以单价 20 美元买入可口可乐股票，1937 年则可以以 160 美元卖出。每个人都认为世界末日来临了，却有人在 5 年内就让自己的钱翻了 8 倍!

这样的区别是如何产生的呢？那就是对资金的持有！不要让你的金钱从指缝中化为乌有。至少牢牢抓住其中一部分。那么不只是在财务上，你将在各方面都取得回报。

也许对你来说，立刻去实现财务保障比较困难。但相信我，你如果没有财务保障，肯定会更加艰难。

有了财务保障，你就已经创造了实现宏伟财务目标的前提。比如你需要 75 000 欧元财务经济保障，把这笔钱以年收益率 15% 去投资，20 年后你大约会得到 120 万欧元。根据上一章的内容，这样的收益率是存在的。

如果 20 年间每个月额外结余 750 欧元，以年收益率 12% 投资，你还能再获得 650 000 欧元。总共你能得到 185 万欧元—— 一笔非常可观的金额。

问题在于，你觉得够不够。这能够满足你的梦想吗？财务自由对你而言，意味着什么，对此你需要多少资金？搞清楚这个问题之前，要实现财务安全。

第二步计划：财务安全

第一项计划财务保障能给你带来很多的益处：你可以安全地渡过一次危机，你会感到有安全感，可以时刻准备好面对一些未知的意外。但是财务保障有一个很大的缺点：一旦意外情况发生，你会花光所有的积蓄。虽然你在财务上安然无恙地渡过了一次危机，但是你的积蓄都没了。真正保险的办法是，你需要积累足够的资金，使你可以靠利息生活。

首先，请再次列出你必要的支出项目。这一步的重点不在于你要实现多大的飞跃。对于你的梦想，我们之后还会针对财务自由制订一个计划。这一步我们只需要让自己达到一个安全稳固的状态。很简单，你可以拥有舒适的生活，且不必考虑钱从哪里来。也就是说，你有了一个自己的赚钱机器，养了一只可以下金蛋的“鹅”。

列出每月必要的支出和花费：

1. 抵押 / 租金：　　　　　　　　__________

2. 伙食费 / 日常开销：__________

3. 汽车：__________

4. 保险：__________

5. 税费：__________

6. 赡养费 / 抚养费：__________

7. 电话：__________

8. 贷款：__________

9. 其他：__________

10. 积蓄（度假，置办大件物品）：__________

11. 培训：__________

12. 捐款：__________

____

总计：__________

你需要多少资金

现在你计算出了保障每月生活所需的最低金额。也就是说，你知道每个月需要的这颗金蛋有多大。由此也能算出要养一只多大的“鹅”。

换句话说，你需要足够的资金，并且合理地投资理财，让这笔资金每个月给你带来足够的利息收益，来保障你上面列出的那些开支。问题是，以何种利润率进行投资。谨慎起见，我们“只”假设8%的纯收益，毕竟这一步重点在于财务安全。公式很简单：

每月所需金额 ×150 = 资金总额

举个例子：假设“守财奴”海蒂每个月需要2 000欧元来保障生活开支，那么根据公式可以算出：

2 000欧元 ×150 = 300 000欧元。

因此，“守财奴”海蒂总共只需要300 000欧元，就能获得每月生活所需的2 000欧元。她不能动用自己的“鹅”资金，这300 000欧元会自己生金蛋，她在任何时候都不必去动用这里面的一分钱。如此，她可以轻轻松松付清所有账单，还能积攒一笔钱用来购物和度假。因此，300 000欧元使她实现了财务保障，她可以仅靠这笔资产生活，理论上讲，她也不再需要继续工作。

现在请计算一下，你需要多少金钱才能实现财务安全。

每月所需金额________×150 =________欧元。

请思考一下，如果你现在已经拥有这么一笔资产了，你会做些什么事情。为了让你更轻松地回答出这个问题，我在这里给你一个小提示：

假设你只能再活6个月了，你还想做哪些事情呢？你想去哪些地方？你想和哪些人在一起？想做哪些事情生存下去？

也许你远远不止活 6 个月，但你不可能永生。**如果不是金钱，那又是什么在阻碍你去做这些对你而言十分重要的事情？**你看，不给予金钱恰当的关注度是多么危险的一件事情。你应该让自己享受美好的生活。

你刚才写下的数字会让生活产生重大变化。问一问自己：这笔钱会对你的日常生活产生何种程度的改变？你还会再继续从事你当前的这份工作吗？

一天，亚西西的圣方济各在割草，一位修士问他："如果你在一个小时后死去，你还想做哪些事？"圣方济各回答："继续割草。"这是他的全部回答。他会继续割草，因为正在做的事给予他最大的快乐。还需要注意的是，他不是回答"快点割草"或者"把草割完"，而仅仅是一句简单的"继续割草"。

如果你没有选择修道院高墙的保障，那么为了你的财务安全，你就应该认真考虑一下，尽可能快地积累这笔必要的金钱。

你欠自己一份财富

7 年后，你要么就根本没有改变你的财务状况，要么就至少部分实现了你的财务安全。7 年之后开始的未来，正是你今天所准备的未来。

有的人不去从事自己感兴趣的职业，主要原因就是缺钱。这令人感到惋惜，也是一种才能的浪费。**这之所以尤其可悲，**

是因为我们只有在做自己喜爱的事情时才会真正感到幸福。一个从来没有长期做过使自己快乐的有意义的事情的人，从来不会知道，自身究竟蕴藏着多少潜力。

如果有人无法走出关键性的一步，不能做自己感兴趣的工作，那么原因往往都在于金钱。

能量贴士

尽快去实现你的财务安全。

• 一旦实现自己的财务保障，你就应该将所有可用资金用来投资，以实现财务安全。

• 当你实现了财务安全之后，你就不应该再去动用自己的本金了。

• 你住你想住的地方，做你喜欢的事情，仍然可以把所有的账单付清。

• 除此之外，你还可以致力于自己感兴趣的、与你的才能相符的事情。

• 你应该将克莱门特·斯通的名言作为自己的信条："一个存不下钱的人，没有资格被称作一个聪明、理性的人。"

• 你有两种选择：

1. 让时间为你工作，在20年内逐步轻松实现自己的目标。

2. 你可以按照第七章中的方法来努力，使你的收入进行多次翻倍。在7年内实现自己的目标。

在接下来的表格中，你一眼就可以看出，在年利率为 8%（月利率 0.67%）的情况下，你需要多少资产才能满足你每月的支出。而所有这些数据都得以“你及时开始存钱”为前提。

资　产	月收入
62 500 欧元	416 欧元
125 000 欧元	833 欧元
250 000 欧元	1 667 欧元
375 000 欧元	2 500 欧元
500 000 欧元	3 333 欧元
625 000 欧元	4 167 欧元
750 000 欧元	5 000 欧元
875 000 欧元	5 833 欧元
1 000 000 欧元	6 667 欧元
1 250 000 欧元	8 333 欧元
1 500 000 欧元	10 000 欧元
1 750 000 欧元	11 667 欧元
2 000 000 欧元	13 333 欧元
2 500 000 欧元	16 667 欧元
3 000 000 欧元	20 000 欧元
3 500 000 欧元	23 333 欧元
4 000 000 欧元	26 667 欧元
4 500 000 欧元	30 000 欧元
5 000 000 欧元	33 333 欧元
6 000 000 欧元	40 000 欧元
7 000 000 欧元	46 667 欧元
8 000 000 欧元	53 333 欧元
10 000 000 欧元	66 667 欧元
15 000 000 欧元	100 000 欧元
20 000 000 欧元	133 333 欧元
25 000 000 欧元	166 667 欧元
50 000 000 欧元	333 333 欧元
100 000 000 欧元	666 667 欧元

在第五章中你已经知道了，策略有专业和业余之分。业余策略只注重短期收益，而专业策略旨在实现长期收益。正如你已经了解的情况，财务状况往往也会对其他的生活领域产生影响。

业余人士往往着眼当前，忽略未来。他们一辈子为一些同样的问题而烦恼。因为他们不会明智地储蓄，没有为自己创造一种不再有经济烦恼的生活。

专业的处理方式就完全不同了。**他们活在当下，同时也为未来做准备**。因此他们首先支付自己。你也会变成一名理财专家！

既然已经读到这里，你也应该知道了，生活是没有借口的。你应该做的就是负责。你掌握自身的生活。你可以随时改变你的信仰。你可以接受新的观点。那么，现在谈谈梦想。

第三步计划：财务自由

也许你的最高目标仅仅是实现财务安全。也许你想得到更多，想获得财务自由。对于这种情况，我们使用的也是同样的方式来为你制订计划。接下来，我们来探讨一下你的梦想。

你是否知道大多数人之所以实现不了自己的梦想，就是因为他们从来没有考虑过他们应该为此做些什么。**他们不知道，他们需要为自己的梦想付出多少**。而我们接下来探讨的正是此议题。

绝不动用你的本金

首先，我们必须澄清一条重要的原则：你永远不能杀你的“鹅”。你也不能将它切割成小块。绝不能动用你的本金。你所有的梦想，能借助金蛋来满足。这也意味着，你的金蛋必须大到足以承担你的梦想。

举个例子，你想买一栋房子。如果你已经实现财务自由，那么你无疑可以使用你的资产进行支付。但这样一来，你的资产就会缩水，这当然是你不想看到的。所以，你应该采取分期付款的方式来置办所有的大件，因为你每月的利息就完完全全足够支付了。

如何计算梦想所需的花费

1. **首先，将你所有的愿望列出来**。先不要想这些愿望到底现不现实。我们只是想了解一下你都有什么愿望，你的愿望需要花费多少金钱。

2. 逐条列完之后，**再在每一条后面写上大概的置办费用**。

3. 但是请记住，永远都不能动用你的“鹅”资金。因此，你必须采取分期付款的方式来置办所有的大件。现在**计算一下，每件置办物的月付额是多少**。为了简单起见，我建议你将不动产分为 120 期来偿还，其他的置办物分为 50 期。

你想买一栋价值 130 万欧元的房子。你将这笔总金额分成 120 份，月供额为 10 833 欧元，包括 4%~6% 的利息。

此外，你还想买一艘价值 240 000 欧元的船。按照 50 期来偿还，那么加上利息，月供额为 4 800 欧元，5 年之内还清。

假设你热爱旅游，每年都想进行好几次旅游，总花费金额为 35 000 欧元。你将 35 000 欧元划分为 12 期，那么你每月需要 2 916 欧元来满足旅行的需求。

4. 将你实现财务自由之后仍然存在的**所有日常支出列出来**。针对这笔支出，你应该使用你的利息进行支付。参考财务保障计划所列的支出项。但同时要考虑到，在更高的生活水平上，你的支出也能相应地提升。

现在请将你的一切愿望都列出来。接下来将数据加在一起，计算要支付所有这些，你需要多高的利息收入。

为梦想而进行的支出	总价值	月供额
1. 房子		
2. 二套房		
3.		
4. 车子		
5.		
6.		

续表

为梦想而进行的支出	总价值	月供额
7.		
8.		

为梦想而支付的月供额为：＿＿＿＿欧元

接下来计算日常月支出额：

1. 伙食 / 家用支出：＿＿＿＿欧元
2. 雇佣他人：＿＿＿＿欧元
3. 汽车：＿＿＿＿欧元
4. 保险：＿＿＿＿欧元
5. 税费：＿＿＿＿欧元
6. 通信：＿＿＿＿欧元
7. 度假：＿＿＿＿欧元
8. 小型购置：＿＿＿＿欧元
9. 娱乐消遣：＿＿＿＿欧元
10. 礼物：＿＿＿＿欧元
11. 学习深造：＿＿＿＿欧元
12. 捐赠和帮助有需要的人：＿＿＿＿欧元
13. 其他：＿＿＿＿欧元

＿＿＿＿欧元

日常支出总额：＿＿＿＿欧元

为梦想而支付的月成本总额：________欧元

财务自由的月成本总额：________欧元

现在你清楚要过上优质的生活需要多少金钱了。你也知道要满足你梦想的生活方式你的金蛋必须多大。接下来我们必须弄清楚“鹅”的大小。你需要存储足够的资本，让它每月为你带来你所需的足以支付你所列各项的收益。我们还是以每年净收益率 8%（也就是月利率 0.67%）来计算吧。用你每月需要拥有的金额乘以 150：

________欧元 ×150=________欧元。

现在你清楚要满足你所有愿望所需的金额了。接下来你必须思考一下，你如何才能以最优方式投资你的金钱，以实现你的目标。

你的投资策略

你现在有 3 个不同的、相互关联的财务计划。针对每一个计划，你都需要一个专门的投资策略。

实现财务保障不要去冒险

最重要的标准便是金钱的可支配性。你必须每天都有金钱收入。因此，你最好将你的金钱放进保险箱或是投入现金基金当中。在你实现财务保障之前，你都不应该去冒险。因此，你应该选择低风险的投资项目。但就算是这样，你还是要注意管控可能出现的风险。永远不要将你所有的金钱全都投进一个投资项目中，即使“你全部的资金”加起来只有 1 000 欧元。**记住，对风险的管控就意味着盈利机会的增加**。

在实现财务保障之前，请保持让财务安全处于中心位置。你应该容忍低利润率，将一部分现金存放在银行储蓄账户中。如果你仍想要投资基金，那么我向你推荐一个存款计划。

40:40:20 原则保证财务安全

要实现财务安全，你就必须改变金钱的投放比例。虽然其中的大部分金钱还是得用在低风险的投资项目上，但是你可以将 40% 投入风险适度的投资项目中。如果你长期坚持不动用这笔钱，在“平均成本收益”的作用下，风险会得以极大降低。剩下的 20% 你可以投入风险较高的项目中，这就涉及一些冒险型的基金，比如新兴市场基金或国家基金，以及所有的特殊基金和企业参与型基金。这种基金的风险也能在时间和“平均成本收益”的作用下减小。而在另一方面，你获利的概率也是极大的。

重要的一点是：**你千万不能将用于保证你财务安全的金钱投进高风险或是投机性质的项目**。你千万不要动用这笔钱。你进行的投资必须保证你的财务安全永远不会受到影响。

50% 中风险，50% 高风险，实现财务自由

实现财务安全之后，你就应该抽取一部分金钱以实现财务自由。也就是说，你也得冒较大的风险。你需要去寻找收益率远高于 12% 的投资项目，这样一来，即使你其中一个或两个投资亏损了，你也能通过高收益投资项目获得补偿。针对此类情况，有一些历史悠久且知名的基金，其平均年收益率远远超过 12%。请注意：你想获得越多的资金增值，就必须越费心去管理你的投资项目。

即使一切都跟你作对，你也只用了那部分你不需要用来实现财务安全的资本来冒险。

我们可以用 3 个水壶来进行概括：

注意：只有当第一个水壶被注满之后，你才能加注第二个水壶。你只能使用第二个水壶中盈余的部分（你不需要用来实现财务安全的金钱）来对第三个水壶进行加注。这样，你的财务安全就永远不会承担风险。

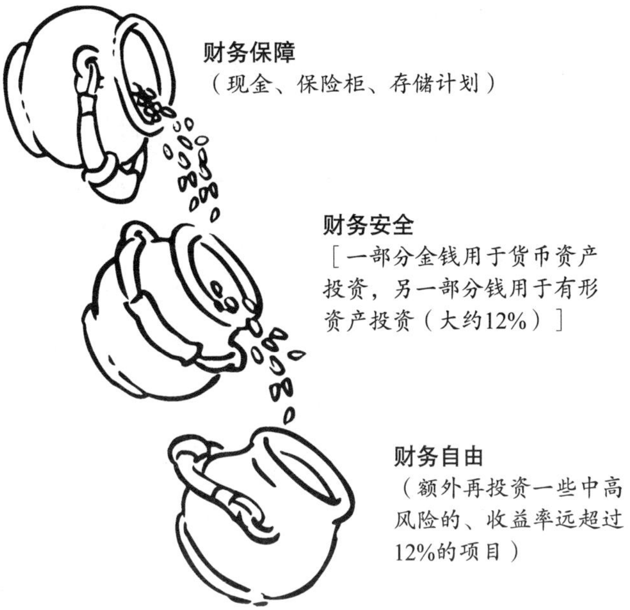

如果你遵循这一投资哲学的话，就不会存在失败了。你会永远处于安全之地，而且有机会实现你所有的梦想。

定好目标，你成功了一半

现在需要走出决定性的一步：你必须做出一个明确的决定。你真的想要实现财务自由吗？你愿意承担与此相关的责任吗？

你准备好持续跟踪并更新你所列出的清单，一直到它成为你生活中不可或缺的一部分了吗？

在你做出明确的决定之前，请不要继续再读下去。这个决定应该包含你实际做的你所了解的必要之事。你知道，你首先必须着手改变信仰。你必须将巨大的痛苦与目标无法实现联系在一起，将巨大的快乐与目标得以实现联系在一起。

你应该意识到为什么你一定要这样生活。记住：你必须每天提升自己，全力以赴。你必须不断地学习和成长。你必须付出 110% 的努力。你必须全力以赴，成为最好的自己。

你真的想要这样吗？你真的愿意为了财富和幸福去付出每个人都必须付出的代价吗？如果你决定好了这样做（我也想鼓励你这样做），你就负有责任了：**你应该向自己承诺，不到最好，永不满足**。

多年前，第一次听到这一理念时，我几乎不敢相信。但它确确实实是正确的。当你为自己定好一个目标，制订出书面的计划，你就已经成功 50% 了。以下也有 4 个足以证明这一点的重要原因：

1. 目标拓宽你的机会意识

当你做下这个承诺，你会换一种角度去观察出现在你生活中的每一个人。每一种处境对你来说都有其存在的意义。不断地问自己：它能对我实现目标有什么帮助？我怎样才可以马上将它运用起来？

你对目标的定义越清晰，你的承诺越有效，你就能越多地利用这两个起决定作用的问题：这如何与我的情况相符呢？我应该如何马上采取行动呢？

2. 目标为你指出解决问题的方向

大多数人都将自己的时间浪费在长时间思考问题上。目标清晰的人没有时间这样做。他们想要更接近自己的目标，因此不断地寻找解决方法和解决途径。他们将精力集中于目标之上。一旦一个人将自己的视线聚焦于一个目标，那么恐惧就打不倒他。

3. 目标使你为了“赢”而去比赛

我们参加比赛是为了不输，还是为了赢，两者之间有着天壤之别。你结识某个人，马上就能感觉出来他是一个不想输的人，还是一个想要赢的人。你能从他的眼神、行为、话语判断这一点。

远大的目标不允许我们只是苟且地存活着。你必须全力以赴。你必须为了“赢”而活着。

4. 你有了一个目标，一切都变得很重要

无目标之人的生活座右铭都是：只是一点点不好的东西

并不会对我造成伤害。而对于有目标的人来说，一切东西、任何一个小细节都十分重要。

以一名自行车运动员为例吧。你认为他会说“超重1千克没有任何影响”吗？自行车职业运动员永远不会这样想，因为他们知道，在骑车登山时他们会因为超重1千克而慢关键性的一分钟。

从你拥有目标的这一刻起，一切都会变得重要起来。你所做的一切不是在使你接近目标，就是在使你远离目标。不存在中间状态。

正如之前所说的：一个明智的决定是成功的前提。如果一个人说“我可以过一会儿再做决定”，那么他就是在欺骗自己。**因为如果你（现在）不做决定，就意味着你已经做好了决定**。你决定让一切照旧，不去做任何改变。你决定继续远离自己的目标。所以，现在就做出决定吧！

财务自由很难实现吗

我认为你应该知道答案的。是的，很难。但是，不去实现财务自由，会更难。继续提升自己很困难。但是，慢慢地死去更苦。生活在这个世界上，不知道自己有多大能力，这是很不好的。只有全力以赴之后，我们才能感觉出来，生命真正的意义是什么。之后我们才能完成自己的使命，之后我们的生活才有了意义。

正如之前提到的，我不会声称这一切会顺其自然地发生。但是我坚持认为，如果想过一种充实的生活，那我们别无选择。

海因茨·科纳在《约翰尼斯》中写道："每个人在其内心深处都会有这种希望：离开沼泽，生活在阳光之下。然而，对阳光、对自由，以及对自由的恐惧，使得我们坚守在自己习以为常的环境中。这个环境使得我们觉得，恶臭熏天、死气沉沉、暗无天日和颓废堕落都是可以接受的。同时，每个人都在一天天地往沼泽里下沉。在沼泽中度过的每一天，都会使我们更难离开沼泽地。是的，每个人都在忙着如何更好地消除恶臭，如何更好地忍耐黏稠肮脏的泥浆，如何以最舒服的方式度过这段逐渐下沉的时间。然而，每一个知道答案的人，都能够自己承担起责任，并寻找到通往阳光的最佳道路。"

区分人和人并最终造成差距的东西，是满足和惰性。我们永远不能安于现状。

如果每个人都只是空有梦想，更美好的世界是不可能出现的。只有当每个人都开始在自己能力范围内采取行动，所有人都梦想的世界才会真正出现。我的意思不是说我们应该去尝试或者去希望发生一些什么事情。我的意思是你应该为自己的才华和能力承担责任，真正地将自己的梦想付诸实践。

我们的使命不是去谈论或梦想这样一个没有沼泽的世界，而是去实现它。我们需要高尚的人，需要说什么就做什么的人，需要实现自身梦想的人。

不应该让恐惧左右你的决定

你知道阻碍大多数人去过自己梦想生活的东西是什么吗？是恐惧，恐惧犯错，恐惧失败，恐惧丢脸，恐惧使自己和他人失望，恐惧做出错误的决定。

恐惧永远不应该左右你的决定。因为世界上不存在失败。是的，你没有看错：世界上不存在失败。美国脱口秀大师奥普拉·温弗瑞曾经说过："我不相信失败。因为如果你享受了过程中的乐趣，那这就不是失败。"

世界上不存在失败，只存在结果。在我做的咨询活动中，恐惧失败对至少70%的人来说都是最大的心理障碍。不过，我们可以毫不怀疑地说，这个世界上几乎所有巨大的成功都是在失败之后才产生的。

是时候改变我们对待失败和错误的态度了。因为许多人被其阻碍而不能以胜利者的身份去闯荡天下。

错误是有益的

我们必须采取行动，不要害怕犯错误。我们不应该成为从不犯错的人，而应该成为永不放弃的人。

IBM 创始人老沃森曾经被问，一个人必须做些什么，才能在公司里做出成绩。他回答道："犯双倍的错误。"

如果你去研究成功人士的成功故事，总会发现他们犯过很多次错误。

众所周知，托马斯·爱迪生发明了灯泡。在他进行了大约 9000 次失败的尝试之后，朋友们问他："你真的准备失败 1 万次吗？"爱迪生回答："我没有失败。我只是又知道了一种不能造出灯泡的新方法。每一次试验都使我更接近成功。"

盖德·穆勒是国家队中进球次数比任何人都多的球员。然而，他还保有另外一项纪录：国家队中没有任何人比他射偏球门的次数更多。

对于放弃了的人，人们回想起来，只会认为他是一个失败者，而对于那些坚持不懈的人，人们脑海中只记得他是一个优秀的人物。这里讲的并不是要去避免错误，而是说不要让任何事或任何人阻碍你去走自己的路。**他人可以短暂地阻止你，但只有你自己才可以永远地使自己停下来。**

你真的想实现财务自由吗

在回答这个问题之前，我们先来看看成为百万富翁的概率有多大。在德国，百万富翁按下面的比例分布：

- 74% 是企业家；

- 10% 是高级管理人员（尤其是董事会层级）;
- 10% 是从业者（主要是医生、建筑师和律师）;
- 5% 是销售人员;
- 1% 是其他人员。

从中你能看出两种情况：首先，如果你不是企业家、不是董事会层级人员，你几乎没有可能成为百万富翁。

其次，如果你是企业家，那么你有最大的机会去变得富有。也许会存在许多阻碍的缺点和风险，但是 4 个百万富翁中有 3 个是企业家。

因此，保罗·盖蒂——当时的世界首富，曾经说过："除开一些例外的情况，一个人要积累真正的财富只有一条道路：必须建立起自己的企业。"

针对这一点，有一些不同意见。你必须做的不仅仅是储蓄和投资。仅仅是走向正确的方向还不够，你必须在正确的道路上做出一个巨大的飞跃。

同时，你对错误和风险的恐惧，永远不应该促使你按照最低要求去生活。因为只有全力付出时，我们才会真正感到满足。

什么都不做的人才不会犯错

我的最后一位导师说过："如果你不经常犯错，表明你冒的风险不够，没有付出最大的努力。”

导师们能激发出我们身上最大的潜力。他们会要求我们去冒险。他们会告诉我们一些这样的道理：一个不去冒险的人，只是一个一事无成、一无所有的无名小卒。导师们能用自己的话语打动我们。我们也应该为自己的想法能被打动感到高兴。因为这恰好体现出我们的活力。

通向成功的道路上布满荆棘。只有一路前行，不惧怕错误，生活才会将五彩缤纷展示在我们面前。之后我们才会知道，这一切就是命运的安排。我们所经历的一切也都有其意义。我们所有的经验和经历都会化成一股力量，汇入我们正要完成的使命中。一切都有其意义。我们只需要识别出这些意义。我们所犯过的每一个错误，都会对我们有所帮助。每一个我们过去认识过的人，都会指引我们去认识新的人，获得新的机会。但是要识别出这其中的关联，主要还是在于我们自己。这一切都有一个前提：我们必须克服各种类型的恐惧，持续学习和成长。

这样一个态度带给你的回报，会超越你所有的期待。

能量贴士

请现在就做出决定，你是否想实现财务自由。

- 不到最好，永不满足。
- 你应该提升你对机会的感知能力。
- 你参加比赛是为了赢得比赛。

- 每一件小事都有其对你有利的意义。一切都十分重要。
- 你的生活准则应该是：成为最好的自己。
- 你不应该害怕犯错误。
- 想要变得十分富有，你就必须建立自己的企业。

在你做出决定之后，我想在下一章的内容中向你展示，你如何才能保证自己不被“吓倒”。你会发现，你能为自己创造出一种有助于自己，能以最佳方式支持你的境况。

本章要点

- 你唯一可以期待的一点便是：意料之外的情况。
- 你对自己、对你的健康、你的情感、你的家人是负有责任的，你有义务尽可能快地去实现财务保障。
- 财务保障使你处于强者地位。
- 没人能对意外和厄运进行预测，但你可以做的是提前做好应对准备。
- 只要你还没有实现财务保障，你就必须考虑制订预算计划。
- 奥纳西斯说过：“我乐于重复过去的一切，但有一个例外，我会早点找到更优秀的顾问。”
- 有两条通向幸福的道路：降低要求或者增加财富……聪明的

人，会同时给自己创造两条路。

- 只有资本多到让你能够仅靠利息就能满足支出时，你才算实现了财务安全。
- 只有做自己喜欢的事情时，我们才是真正快乐的。
- 一个从来没有长期做过使自己快乐的、有意义的事情的人，从来不会知道，他的身体内究竟蕴藏着多少潜力。
- 将自己看作一名理财专家：活在当下，同时也为未来做准备。
- 要实现财务保障，你应该尽量选择低风险的投资项目。要实现财务安全，你就应该去寻找安全稳定的投资项目，长期平均收益率为 12% 的投资项目。要实现财务自由，你就应该将那一部分不需要用来实现财务安全的资本拿来冒险，一部分投入中度风险投资项目，另一部分投入高风险投资项目。
- 实现财务自由最重要的第一步工作是明智地做出决定。如果你（现在）不做决定，就意味着你已经做好了决定。你决定一切照旧，不做任何改变。
- 当你为自己定好一个目标，并制订出书面计划，你就已经成功了 50%，因为：

  1. 目标拓宽你的机会意识；
  2. 目标为你指出解决问题的方向；
  3. 目标使你为了“赢”而去比赛；
  4. 你有了一个目标，一切都变得很重要。
- 我们绝不能屈服于满足感。

- 我们不应该成为从不犯错的人，而应该成为永不放弃的人。
- 他人可以短暂地阻止你，但只有你自己才可以永远地使自己停下来。
- 如果你不经常犯错，就表明你冒的风险不够，没有付出最大的努力。

第十三章

教练和专家网络

成千上万的人自甘贫困。如果你被贫穷的人包围，你同样会变得贫穷。之后你会以抱怨生活的方式度过余生。

——理查·狄维士

仅仅读这本书并不能使你富有。你必须采取行动，还要尽可能快地采取行动。然而最重要的是：**你必须为自己创造出一种能促使你成功的环境**。

问题意味着一次成长的机会。知道这一点是一回事，当问题真正出现，那又是另一回事了。大多情况下，问题都出现在不合时宜的时间，向着让我们受挫的方向发展。当问题成堆时，我们通常就忘记了自己最高尚的计划。

个人环境会对你产生影响

你需要的是一个总是能提醒你记起你的高尚计划的环

境。你已经意识到了，你想要的这个环境不一定由你周围现有的人组成。

你知道这句古老的谚语：近朱者赤，近墨者黑。我们都倾向于高估自己。我们认为自己已经强大到不会被熟人影响。但是我们从小就通过模仿来进行学习。大多情况下这是一种无意识的行为。我们的熟人和朋友对我们的影响远比我们所认为的要深，而且我们还意识不到。

你站上桌子，然后请一位比你瘦弱的朋友站到桌子前面，和你一起进行力量较量。你试着将他拽上桌子，而他试着将你拉下桌子。谁会赢呢？

物理学原理是：将某人向下拉比将他往上拽会更容易。长时间比下去，你肯定赢不了。对手只需要“保持不动”，一直等到你筋疲力尽，他就赢了。

与此同理的是：如果你身边都是比你贫穷的人，那么你就会停滞不前。如果你身边都是比你富有的人，那么你也会变得富有。

我们的生活总是能为别人提供借鉴作用。我们或者被他们当作榜样，或者被他们当作警示。你更喜欢当哪一个？

能给你最大帮助的三种人

你需要榜样人物，观察、分析和模仿他们的成功。在每一个成功人士身上你都会发现，他们也有自己的榜样人物。他们使用过的“复制”成功的技巧，被称作**对卓越的模仿**——一个来自体育运动领域的概念。你可以轻易地找到榜样人物。看看谁是你所在领域中最优秀的人。获取与此人相关的所有信息，诸如书籍和报纸。找出他的电话号码，同他预约一次会面。这也许比你预想的要简单一些。

你至少需要一名**教练或导师**。99% 的杰出成功人士都有一名教练。在这一章中，我会向你讲述，一名教练如何改变你的人生。我的最后一位教练是亿万富翁。跟着这样的人学习 6 个月，你学到的东西比你正常学习 10 年的东西还要多。关于教练的作用，我已经在第四章中做过详细描述了。在这一章中，你将会了解到，你如何与他，或者说他如何与你进行配合学习。

你需要一个**专家**环境，一群你能够紧紧跟随的人，一群了解责任的概念、并且在自身所在领域属于大师级的人。你需要一个专家网络。本章讲的正是这一内容。你会学到如何建立一个这样的专家网络。

只追随那些比你成功的人

你的周围环境应该由一名教练、一些榜样以及专家网络构成。那对于周围环境中的其他人，你应该怎么办呢？

我认为，你永远不应该被那些不如你成功的人影响。否则，你被自身目标阻碍的风险就会特别大。这些人对你的计划及想法提出的反对意见，你也应该无视。

成功人士牢记以下箴言：

• 那些没有亲身经历过的人没有权利给建议，你也绝对没有理由去听从他们的建议。

• 如果你周围都是成功人士，想要成功很容易。

• 想变得富有，你首先必须习惯坦然面对财富。最简单的方法就是，去结交成功人士。

• “判断一名君主是否才智兼备的最佳方法，就是观察他周围的臣子。”（尼科洛·马基雅维里）

• 早在需要顾问之前，你就应该去为自己寻找优秀的顾问。

• 当别人说的话对你来说完全无所谓时，便没有任何东西能阻挡你了。

• 只向那些你想成为的人进行咨询。

也许你会反问自己，以上的这些观点会不会太极端了。同那些需要帮助的人相比，你的家庭和你的责任处于一种什么样的情况呢？

当然也有一些人需要你的帮助，依赖于你。你理所当然有责任去照顾他们，帮助他们。

如果你认为帮助别人和与成功人士打交道这两者互为对立面的话，那么你就对了：的确存在这一对立面。自然界中也存在这样的对立面：白天和黑夜，夏天和冬天，雨水和太阳。但是所有这一切在一起才组成了整个自然界。对立面之间不应该互相排斥，而应该互为补充。

记住：你将自己的生活驾驭得越成功，能帮助别人的面就越广。没有比与别人分享你获得的成功和财富更能给予你满足感的事情了。但是你不要把角色弄混了。你帮助别人时，就不应该听从那些获得你帮助的人给出的建议。

我的教练——那位亿万富翁

我有一次休息了一年多。这段时间，我把精力放在日常事务中少有时间思考的问题上。我越思考，就越强烈地渴望获得能够满足我激情的使命。

这样的使命我最终找到了，那就是使他人更加了解金钱。我现在必须找出最好的方法来尽可能高效地传播我的思想。

换句话说，我必须成长，以达到一个更高的层次。于是我开始为自己寻找一位教练。

对我来说，认识优秀人物的最好方法还是参加讲座。有一天，我参加了一场位于伦敦的活动，一名美国的亿万富翁在此进行演讲。他用不到 1 000 美元的自有资本建立起了一家石油公司。仅仅 8 年，他就使这家石油公司的市值达到了 8 亿美元。

他向在场的英国企业家讲到应该如何借助他人和他人的金钱使自己的每一个想法变强变大。有段时间，一桶油的价格由 40 美元降到了 8 美元以下，他自己在这段时间为他的石油公司申请到了 10 亿美元的贷款。从那时起，他的运营体系得以在不同领域以几十倍的速率得以贯彻。

我听他演讲时，就下定决心争取让他当我的教练。午休时，我同他一起去吃饭，最终获得了一次电话会谈的机会。我到了约定的时间给他打电话，电话并没有转接到他那里去。我又尝试了几次，都只能联系上他的秘书或管家。直到第七次拨通电话，我才得以成功与他本人进行交谈。他邀请我前往苏格兰他的城堡里住上两天，约定到达时间为星期天晚 6 时。

到达城堡时，他的私人秘书首先接待了我，并将我领到了我的房间。两个小时后，我终于获得了他本人的亲自问候。他当时心情不太好，也并没有尝试以某种方式隐藏自己的情绪。我得到的不是友好的欢迎，而是听到他说："我为什么要将我的星期天浪费在你身上？"

我的第一反应是我应该马上离开。但我是出于一个十分坚定的理由才来到这里的：我想要学习。于是，我试着开始探究为什么他会如此表现。也许他只是想考验我。也许他想看看我的忍受能力有多强。

而我也真的需要更多的忍受能力和坚强的外表。他向我提了许多伤人的问题，并且羞辱了好几个小时。他想通过此种方式了解为什么我在过去那些年间浪费了自己的生命。

最终他向我讲述了他自己生活中的一些情况。大约在凌晨2点半时，他突然用食指指着我说："好了，博多，现在用简短的话语向我说明，你能为我做些什么，你想从我这里得到些什么。你只有10分钟时间。如果你说服了我，那很好。如果不能，那你今天可以在这儿休息，但是明天黎明时你必须悄悄地离开我的城堡。"

我最终说服了他，我们两人一起建立了一家公司。但如果我之前不清楚自己想要达成什么目标，那我肯定无法成功。我将我的目标写下来并加以形象化。接下来的6个月中，我学到的高级金融知识，比之前学到的总和还要多。之后我们便各走各的路了，因为我要专注于我的使命。

我学到的关于金钱的大多数知识，都要归功于教导过我的几位成功人士。我的第一位教练为我奠定了基石，他引导我储蓄，教给我成功的法则。认识他之前，我的年收入不到50 000欧元。用了两年半的时间，我才在他的带领下第一次实现了月收入超过50 000欧元。我诚挚地感激他们所有人。

如何找到一名导师，如何与导师正确相处

99% 的成功人士都有自己的导师。以我的最后一位导师为例吧。你知道他在之前对石油完全不了解的情况下，是如何在 8 年之内使一家石油公司达到 8 亿资本价值并将公司卖掉的吗？你一定已经猜出来了。他拥有优秀的导师。他向康斯坦丁·格拉索斯学习，这位是亚里士多德·奥纳西斯多年的好友，同时也是奥纳西斯航运公司的董事长。

如果你想在短短几年时间内掌握一个人或多个人生活中的成功和经验，你就需要一个能够教导你的人。

接下来我将给你 17 个小建议，它们能帮助你更加轻松地找到导师，能使你和导师的相处变得更加容易。

财务自由

你想采取下一步行动？你认为教练对你会大有帮助？

那么我这里恰好有一个适合你的课程：我研发出的课程——“财务自由 7 年课程”。

用一句话概括：这是一个远程课程，针对那些想快速变富的群体。这项课程正如一个车载导航仪，安全、简便地引导你实现自己的财务自由。

关于该课程项目以及我的更多信息，详情请登录：www.7jahreskurs.de。

1. 写下你需要导师的原因

认真地寻找你的导师。你需要的是一个比你本人成功得多的人，或者是一个能力完善的人。认真地寻找这个人。问一问自己，你是否相信这个人，你能不能与此人紧密合作。

接受训练就意味着百分之百地信任你的教练，而这并不容易。但请你记住：如果不去冒险，你也不可能获得任何东西。只有具有独创性并且坚持不懈，你才能成功与你的教练合作。

记住，最优秀的教练拥有最有才能的学生。也就是说，最棒的学生能得到最棒的教练。如果你没有马上得到所在领域的世界上最好的导师，也绝不要放弃。要得到一位绝对顶尖级的导师，你还必须得提升自己。你需要几个能拿得出手的成就，或是令人信服的风度，最好是两者兼有。**当你自己变得更好，你也会获得更好的导师**。

2. 想一想，你能为你的教练做什么

为这两个重要的问题寻找答案：**你如何为你的导师带来价值？你能为你的导师做什么？**此处考察的是你的创造力。我们每一个人都有长处，也有机会运用自己的长处造福他人。但是，你必须意识到自己的长处。最佳方式便是，每天记录

成功日记。

3. 你需要充分的理由和激情

此外，你还需要带着满满的激情呈现你的想法。你说什么其实并不那么重要。反正在导师的影响下，你打算实现自己的目标的方式会大变样。也正是因此，你需要导师。导师知道你想从他那里学到的是——你如何才能以最佳方式来贯彻自己的想法。

但是，你的导师想看到你的决心。他想了解你为什么想要做这件事。他想确信你的想法很好，你也不会放弃。他想看到你愿意做所有必要之事的决心。一些精神曾经使他取得巨大的成功，他想在你身上看到这种精神。你能否使他信服就在于你**如何**说服他。

4. 展现出你的毅力

真正赢得导师的心可能会需要你花费数月的时间。有时你甚至在争取第一次会面上就需要花费这么长的时间。但如果你不放弃，并且以一种独创的、令人产生好感的方式继续打电话和写邮件（甚至寄送礼物过去），你便能赢得导师的心。

5. 高资质的导师首先会对你进行测试

你还记得我在苏格兰城堡里时得到的“问候”吧。所有那些都只是一个测试。你也许会认为是导师无礼冷酷。但是，如果他不知道你是否值得他投入时间，他又为什么要把自己宝贵的时间用在你身上呢？他不能等到第一次危机出现时才来后悔啊。

在训练开始之前，导师想确定你的资质如何。于是，他会将你置于人为的压力氛围之下。因为当一个人处于压力之下时，才是你了解他的最佳时机。

如果你拥有高远的目标（只有这时，顶尖级教练才会对你感兴趣），你就需要忍耐力、激情和自信。你必须准备好去做所有必要之事。这也正是教练想确信的一点。因此他会对你进行测试。

6. 教练的作用是发挥你的长处，而不是解决你的问题

不要让你的问题使你和导师之间的关系紧张。努力做到让你们之间的关系使他感到快乐。你可以更好地利用和他在一起的时间，一起发展并增强你的长处。

他知道你有问题，因为问题是每一个想达成非凡目标的人生活中不可分割的一部分。**要让他相信，你有能力独立解**

决个人问题。

最重要的是，永远不要展示出你对自身努力的怀疑。如果你透露出不自信，你的导师就会觉得你不适合共事。如果你想同他谈论你的项目存在的问题，你应该提出几个解决方案。然后向他请教哪一个才是最佳解决方案。

7. 与你的导师保持定期联系

给你的导师提供你公司的部分所有权。这意味着你必须将公司的部分股份移交给导师，这对你来说肯定不太容易。不过，也许这一认知能够对你有所帮助：占有 1 000 万欧元的 50% 比占有 5 万欧元的 100% 要好得多。

同样地，不管你平时能和导师如何友好相处，加强生意伙伴关系也能使你们之间的关系更进一步。

同一位有名的人物建立生意伙伴关系，还有另外一个好处。通过你和导师的这层伙伴关系，你的身价会马上得到增值。公司信头响亮的名字能够奇迹般地为你打开方便之门，比如与银行的联系。这种情况自动地就使你的可信度提高，因为你成功地赢得那位名人的信任。

8. 尊重导师的时间

导师的时间比你的时间更宝贵。因此，在每一次谈话开始之前，你都应该考虑现在是不是跟导师谈话的最佳时机。请提前告知他你需要多长时间。对会议的持续时间进行清晰安排，并严格遵守此时间计划。

尽可能频繁地感谢他为你付出时间。也许他比你的时间感更强。请记住，他的时间远比你的时间更宝贵。

9. 考虑清楚你想问的是什么

每次都先问问自己，你自己是否能为你的问题找出答案。然后再问自己，你的导师可能会怎么回答你。大多时候，问题就这样迎刃而解了，你也就不再需要去咨询导师了。在这个过程中，你就成为自己的导师了。这也是你所追求的最终结果。你要学会习惯为每一个问题找出 3 种解决方案。

10. 表露你的开放心态

在聆听他人时展现一种开放的心态，同时不要怀疑他人。信任你的导师以及导师的意见。失去信任，整个训练就无法正常进行。教练的想法和训练方式对你来说，也许完全陌生，不合逻辑。但是你不要忘了，他正是以他现在这种思维方式取得了远胜于你的成就。

因此，利用好每一次机会使其发挥最大成效，包括学习导师的思维方式。你学习得越快，你也就能越快地将师生关系转化成真正的合作伙伴关系。

11. 赢得导师的心

尽可能频繁地给导师送礼物。给导师写卡片和发传真表示感谢，告诉他和他的谈话对你来说多么有价值。你能否赢得导师的好感，这完全取决于你自己。你有责任做到这一点。

你应该花心思让你们之间的关系向着你需要的关系发展。比如，你们一起外出吃饭时，你应该总是付账的那一个。许多人都不这样做，因为他们认为导师比他们有钱。然而，如果你这样做，你恰好是在向导师表明你有多么重视他的时间。

送礼物方面应该保持你的独创性。注意观察导师的喜好，悄悄研究他喜欢什么东西。找出一些特别的东西。你的导师虽然很有钱，但他往往没有时间去搜寻那些特别的东西。

12. 马上回复教练的信息

你是否经常在别人的电话应答机上留下某条重要信息，却不知道对方有没有收到你的信息。发传真时，你也不知道收件人是否读到了信息。因此，你每次都应尽快地回复对方。**让你的导师惊讶于你回他电话的速度有多快**。

即使没有什么可交流的信息，你也应该回复他。比如你提议星期一上午10点去他办公室与他会谈。他回复传真说

10点钟完全可以，他很期待这次会谈。这时，你应该对他的答复做出回复。感谢他确认这次预约。

13. 给你的导师反馈

你的导师当然想知道，他给你的建议对你发挥了什么作用。因此，你应该定期向他汇报事情发展的最新状态，尽可能多地给他反馈，以此来激励他对你进行更多的帮助。当事情发展不顺利时，也请反馈给他。他需要确信你真的执行了他给出的所有建议。

同时，你也应该时不时地告诉教练，你还坚信你的目标。经常向他展示出你的热情。向他表明他没有看错人。

14. 以你的成功来感激你的导师

表达感激的最佳方式始终是：超越教练对你的所有期望，取得令人震惊的成功。努力让你的教练和你自己钵满盆盈。

向你的教练表明，你能更快取得成功，并且比他预想的更成功，以此给他惊喜。

15. 模仿你的教练，同时保持真实的自己

学习也意味着尽力模仿你的教练。保持你的专注力，同

时放松自己。向海绵一样吸收所有的知识，同时也要使你的教练心情愉悦。让他觉得和你之间的合作使他快乐。记住：教练之所以富有，正是因为他喜欢自己的事业。

尽可能多地夸奖你的教练，但千万不要去阿谀奉承他。你对他的夸奖应该是发自内心的。千万不要因为觉得你的教练反正知道自己很优秀，就吝于夸奖他。相信我，他总是乐于听到真诚夸奖的。

模仿你的教练。当你发现自己像教练一样走路、说话、着装，那就很棒了。因为这会帮助你像他一样去思考，去感知。一个人如果使用另一个人的惯用语和肢体语言，他也能站在另一个人的角度去思考。他会获得和另一个人一样的感受。情感源于举动。

只有通过现在的模仿，你才能学会独立。但不要忘了保持真实的自己。

16. 不要寻找弱点

没有人说过教练必须完美。许多师生关系的失败，就在于学员对教练的期望过高。不要去期望完美。你也找不到完美。对于一个人，你应该期望的是错误与优点并存。

你应该注重教练的长处，而非短处。毕竟你想要从他那里学到东西，而非想要推倒他的权威。而且最关键的是——他能够扩展你的长处。

许多成功人士都喜欢朝着对自己有利的方向来认定事

实。但是请记住，你只是想要向他学习东西，并不想要向他证明你是对的。

大多数成功人士改变其观点的速度也会使你大吃一惊。他们昨天还在说 A 方案最佳，今天就声称 B 方案才是最佳。同大多数人相比，一名好的导师很少会拘泥于一个并不会成功的方案。没有效果的方案会被马上改变。这种情况并不叫作“食言”，而是成功思维和灵活变通。此外，成功人士长期坚持那些已被证实能取得成功的体系，坚持的时间也比一般人要长。你必须在当中找出符合你自身情况的方式。毕竟，最终只有你自己能对你的生活负责。

17. 回报

你不需要等到自己非常成功，接近完美时，才像你的导师帮助你一样去帮助别人。最优秀的学员通常也能成为最优秀的导师。

如果导师的原则使你取得了成功，那么不要忘了你的成功应该归功于谁。通过教导他人来回报吧。

一次训练应该持续多长时间

随着时间的推移，你会发现，师生关系会逐渐向伙伴关系过渡。也许在某一时刻，你也希望自己能成为与教练关系平等的伙伴。无论如何，只要你和教练之间的这一层关系还在，你还是应该尽可能多地学习。这也是最佳的学习方法。

你的教练会在某一时刻要求你独立。这时，你就应该用一个专家网络来代替你的教练了。

如何建立一个专家网络

我每个月都去结识一名成功人士，几年来已成为我的习惯。我也成功与其中大多数成功人士保持着联系。每一个都是其所在领域的专家。有时我很快就能获得合作会谈的机会，有时仅仅是一次有建设性和激励性的会谈。

你如何才能在生活中保持此种关系呢？这里有一个非常简单的建议：**每一次会面之前你都应该思考一下，你如何让他人受益**。设身处地为对方着想。也就是说，你如果处在他的位置上会怎么做？你的哪些机会或人脉圈子能够给予他帮助？如果对方也这样做，那么你们的会谈就会十分高效。

你**首先**记住的永远都应该是如何让他人受益。当然，你只会维护与那些懂得互利的人的关系。所有的成功人士都掌握了与志同道合者建立专家网络的艺术。

能量贴士

通过每月结识一名新的成功人士来建立起你的专家网络。

• 首先请求你认识的成功人士为你介绍他们所熟悉的成功人士。

• 请求别人给你推荐，并约定一次见面会谈。

• 首先记住你自己能为别人提供什么好处。

• 几乎没有什么比得上与专家保持联系，更能促使你每天进步。他们不接受借口，只有成功才作数。

• 通过这些人你又能结识其他的成功人士。

• 问一问自己：你能为一个专家网络做些什么？做一切能提高自身素质的事情。

与渴望成功的人结交

前一段时间，我参加了一个成功的建筑企业家举办的聚会。据我观察，所有受邀的客人都是独立经营者，在自身领域非常成功。我们中的一些人互相认识多年。

我和几个人站成一圈聊着天，这时，一位老熟人加入了我们。令人无法忽视的是，他现在变得很胖。我们感到特别奇怪，因为他在数年前是一名健康主义者，当时他试图让周围圈子里的每一个人都崇尚健康。我们当中有人就他的体重问题问他。

他回答说他自己也无能为力，因为他的妻子总是做极为可口的饭菜。最初他还进行阻止，并且请求她做一些素食。但不记得什么时候他放弃了抵抗。他说我们应该为自己的妻子是明智的感到高兴。

在许多类似的对话中，大家都不好再多说什么。而这一次，他却得到了一次应得的反驳。我们中有人说道：“我不想听到这些胡说。你不是认真的吧，你说你的妻子能够操控你的生活？跟我们说你又重新找回对食物的兴趣好了。但是不要把责任推给别人。我对你的期望比这要高很多。”

我们需要周围有这种对我们有高期望的人。我们需要这样的人来敦促我们对自己保持真实，敦促我们变得更好。

对卓越的模仿

在你模仿某个人之前，你必须对他进行全方位、多角度的调查和分析。你必须从多方面考察你的榜样。这当然有助于你在人格方面去接近你的榜样。但这并非绝对必要的。你可以将电视采访录下来并进行分析。你可以分析他的肢体语言、说话方式、语言模式、修辞、思维模式、感情，以及起主导作用的信念和价值观，以便你今后采用它们。

大多数情况下，我们的学习都是通过一种无意识的模仿来实现的。我们像周围人一样说话、动作。我们接收到他们的价值观和信念。我们接受了他们的说话方式、饮食习惯、呼吸方法以及其他方面。

真正改变你的生活，意味着你得有意识地去处理这一切，以便你为未来的改变承担全责。

成长意味着自己控制整个过程。**你自己决定受谁影响、向谁学习、学习什么：只模仿那些比你成功的人**。但你必须有意识和有选择地去做。

了解你的榜样有哪些与金钱相关的信念和价值观。他怎么看待金钱和财富？他如何安排自己的一天？想要获得高收入，他会做什么？他有哪些朋友？他有什么样的工作习惯？

千万不要认为你无法像其他人一样成功。大多数人认为自己永远无法获得高收入，因为他们从未靠近过一位高收入者，没有观察过他是如何做到的。

艾拉·威廉姆斯于 1993 年被评为美国“年度女企业家”，她那句话不无道理：“你愈加接近你的老板，就愈加认识到你也能做他的工作。”

能量贴士

至少为自己找到一个你能模仿的榜样。

• 尽量设法了解此人，尽可能多方位地观察此人。

• 将你的观察记录下来，以书面形式确定你的模仿策略。

• 尝试找出你的榜样在生活的 5 个领域——健康、关系、财务、人生意义和情感——是如何行动的。

• 分别为生活的每一个重要领域找到一个榜样。

• 对卓越的模仿意味着，从此以后你要有意识地控制你的学习过程。你会成为你自身未来的设计师。

本章是实践应用的关键

开头几章你已经了解了致富的必要因素。在第五章中，重新评估自己的信念之后，你便可以开始实现财务自由了。通过自律，你形成了新的态度，养成了新的习惯。你使这样的态度持续下去。

习惯使你可以自动地、毫不费力地去做那些重要的、正确的事。而促使你养成习惯的关键就在于那些你周围的人。教练、榜样以及专家网络是三个决定的因素，能为你养成良好习惯和自律提供一臂之力。

一个能够掌控自己的人，其力量是无与伦比的。或者正如古人所说："谁战胜别人，就是强大的。谁战胜自己，就是聪明的。"

本章要点

- 你必须创造出一个强制自己成功的环境。
- 你自己决定受谁影响、向谁学习、学习什么：只模仿那些比你成功的人。
- 如果你周围都是成功人士，那么成功对你来说就很容易。
- 想要建立专家网络，你就应该经常思考，你能为别人提供什么好处。
- 我们需要专家网络来帮助我们成为最好的自己。

第十四章

你可以播种金钱

从富足生活中滋生出的满足感，是无法在简单的金钱占有或挥霍中找到的，而是在明智的使用中才能找到。

——米格尔·德·塞万提斯《堂吉诃德》

你想知道如何才能尽情享受自己的金钱吗？我们生活中的一切终究还是围绕着成功和幸福而转动的。你现在已经知道，想要创造财富，你该如何改变你的金钱观，该运用什么策略了。

成功意味着获得你所爱的东西，而幸福意味着享受你获得的东西。

你的目标是积累财富的同时获得幸福。下述策略的出发点可能会使你感到吃惊，其结果甚至会使你目瞪口呆。

你挣到的钱不仅仅属于你个人

研究那些生活幸福的成功人士的人生故事就会发现，他们总是与他人分享自己的财富。这些人对自己达成的一切有着深深的感激之情，也意识到了自己的责任。

这里需要注意的是，我并不是宣称所有富人都带着责任感在与金钱打交道。我宣称的是，所有富有且幸福的人在与金钱打交道时都具备责任意识。

一个有机会、有能力挣到许多钱的人，也有义务去关照那些挣钱少的人。著名的钢铁大王安德鲁·卡内基便抓住了重点："富有是神灵的财富委托行为，其持有者有义务倾其一生来造福社会。"

许多人都乐意去帮助那些比自己贫穷的人。但在此之前他们还是想先让自己富有起来。他们首先想帮助的是自己。但这样是行不通的。没有播种，就不可能会有收获。

曾经，有一名吝啬的农夫，他购买了一块新的耕地。继续投入之前，他想确定他的投入是会获得回报的。

于是，他坐到地头观察这块耕地。他自言自语道："如果这块耕地在秋天能够为我带来好收成，那我打算明年买一些谷种来播种。但是首先，耕地必须自己证明它值得我投入这么多。"农夫最后自然是十分失望的。

在农业领域有一条著名的准则：先播种，然后才能收获。但这并非一直如此。收获之前必须播种，这一认知使人类完成狩猎到定居的转变。

每个人在自己的成长过程中都经历过类似的选择：是将金钱全部花光还是存起来。他可以花光所有钱，用光自己的谷种，或者是拿出一部分钱来进行播种。

同样地，不管你处在什么样的境况，对世界上大多数人来说，你还是富有的。世界人口的 2/3 会马上愿意与你交换的。

如何播种金钱

拿破仑·希尔历时 25 年研究巨富的生活。对于他在金钱方面给出的建议，我们应该洗耳恭听："幸福属于那些学会以最安全的方法来获取金钱的人，那便是先付出。"

你会发现，富有且幸福的人不仅仅是捐赠金钱，而且很早就开始了捐赠金钱。他们在自己生命的某一时刻就已经开始了，早在他们还不具备此能力时。凯洛斯、卡内基、沃尔顿、洛克菲勒、邓普顿——如果你与这些人打交道，你会注意到他们很早就已经对一切事物怀着感激之情。出于这一感激之情，他们开始捐赠。颇有意思的是，早在他们几乎一无所有的时候，他们就已经怀有这份感激之情了。

收入的 1/10

在《旧约全书》时代，以色列人有一个习惯，那便是捐出收入的 1/10。在农业中，人们习惯将收成的 1/10 重新埋入土地，以免损耗过多的土地。此外，还有大约 1/10 的收成被保存起来，作为下一次收成的种子。

这也成为成功人士的一个习惯，他们用 1/10 的收入来资助那些收入较低的人。你通常会发现，成功人士们在工作中都是十分冷酷的谈判伙伴，而另一方面他们在面对需要帮助的人时又有一颗“柔软的心”。

金钱的捐赠无疑都是出于纯利己的动机。可能也有这种人，他们公开捐赠金钱，只是为了达到一种宣传效应。但是，一个人做所有事情最终不都是利己的吗？他帮助别人，难道不会有部分原因是他想获得快乐的感觉吗？

然而，关于这个话题的讨论，对需要帮助者来说是无关紧要的。只要他获得帮助，捐赠并非一定要贴上一个“高尚的捐助”的标签。

付出金钱的人拥有更多的金钱

令人惊讶的是，那些将收入的 1/10 捐赠出去的人从来都没有金钱问题。这并不是因为他们在金钱方面比我们幸运，而是因为他们真的比我们富有。

我经常问自己和他人，为什么会这样。为什么一个定期将收入的 10% 赠送出去的人会比保留 100% 金钱的人还要富有？ 90% 怎么会比 100% 多？

无疑这种现象目前还没有科学的解释。我不确定这在逻辑上是否说得通。但是为了能够更好地理解这一奇迹，我想传递给你几个想法。

付出给人一种美好的感觉

同自己得到某物相比，赠送某物往往会带给人更多的快乐。一个只关心自己的人，会变得孤独、沮丧、抑郁。只关注自己会使人孤独。这最终导致许多人只有在面对自己的宠物时才能表露出真情实感。

“治愈”无意义之感的最好方法就是去关心他人。一个悲伤抑郁的人，通常都过多关注自己。一个人致力于帮助他人，他就能使自己脱离悲伤。帮助他人，往往也因此帮助了自己。

一个人用自己的船将他人送到彼岸，那他自己也到达了彼岸。

付出是妥善地运用金钱

你现在可以证明你能够使用金钱做好事。你可以证明金钱为善。你可以加深自己内心的这一想法，如果你的金钱使别人生活得更容易、更美好。

通过这种方式你自己就证明了，你可以富有责任感地处理金钱，你可以妥善地运用金钱，因为你使用它来做了好事。

付出是一种富足的信号

如果你付出，你就在向全宇宙传递出一种信号："谢谢，我拥有的比我需要的多。因此我可以付出。"这种对富足的想法，可以帮助你获得更加自然的金钱关系。你可以更加享受金钱，因为你并不把金钱看得太重。

你更加意识到，金钱是一种流过你的生命的能量。一个仅牢牢抓住金钱的人，是在阻碍这一自然能量的流动。你付出得越多，就会有越多的能量在你的生活中流动。你会愈加相信：越来越多的金钱会流入你的生活中。

捐赠金钱这一行为是你对自身、对宇宙能量流动的信任的证明。通过这种方法来加深你对自己和宇宙的信任，期待更多的金钱流入你的生活。你期望财富，通过这种方式，财富对你而言也变成了理所当然。记住：我们的期望决定我们实际能获得什么。

帮助他人的人，清楚我们生活在一个相互关联的世界

一个人生活得好像全世界只有他一个人，这样的生活方

式绝对不是智慧的象征。这样一种态度对个人及全体人类肯定也少有益处。

为了将最好的自己挖掘出来，我们需要其他人的帮助。其他人也需要我们的帮助。从中也产生了两个简单但深刻的认识：第一，我们一起合作能创造更多金钱；第二，当全体人类生活得更好时，其中每一个人会生活得更好。

我们不能孤立地观察自己个人的成功，也不能忽略周围人的生活状况。全体人类的幸福对我们的影响比当今科学证明的结果还要强烈得多。但不可否认的是，我们能影响他人，他人的状态也能影响我们。

众所周知：我们付出什么，就会获得相应的回报。这条道理也适用于简单的小事，比如一个微笑、一份善意。爱这个世界的人，也会被世界以爱相待。这也适用于金钱。给予这个世界金钱的人，世界将会以金钱回报他。

只有付出的人承担了真正的责任

责任意味着做出反应的能力。作为负责任的人，我们不可能眼睁睁看着许多人受苦受难，坐视不理，而自己却生活安逸。

世界因苦难而变得暗淡。分配不公威胁着幸福与和平。就连通往正义分配的道路也都处于黑暗中，并引发争执。因此，每一个短暂亮起的路标都显得弥足珍贵。我们的世界需要这样能充当路标的人。出于这一原因，也许世界会给予这些人更多的金钱，以便他们能够发出更加明亮的光。

付出的人会感觉自己充满生气

世界上很少有比付出更能给予人更多生气和能量之感的事情了。因此，想要感觉良好，几乎没有其他更好的方式了：或是充满感激和充满责任感地付出，或者是出于对生命和人类的爱而付出。

幸福是以享受现有的一切为前提的。实现幸福的最佳方式便是带着责任感去处理事情，去做出反应，去付出。我们可以通过捐助他人来播种幸福。我们也可以播种金钱。责任理念使得这一奇迹——我们最终获得的比付出的多——成为现实。

当然这一切都只是浅显地触碰到这一奇迹的本质。但是，正如其他所有的奇迹一样，我们不必特别清楚它为何会发生。见到这样的结果，我们就应该感到满足了。而如果你将收入的 10% 用于捐助他人，这便是结果：你会变得富有且幸福；你会获得你想要的东西，并且享受它。

因此，我建议你不妨一试。你是知道的："当一些人在采摘果实时，还有许多人在寻找果实的来源。"也许你永远也找不出奇迹发生的根源。但是如果你采取行动，将 10% 的金钱用于捐助他人，你将会收获果实。

能量贴士

固定将收入的一部分用于捐助他人。

• 你会确信金钱是好东西，而且妥善地运用金钱。

• 如果你决定好要这样做，就写下你的决定和你这样做的理由。

• 为自己制订一个计划，以便负责任地使用你的金钱。保证你的金钱真正地发挥作用。

• 坚持帮助他人。

• 在你还无法胜任时就开始帮助他人吧。

金钱使人快乐

金钱可以使人快乐。从快乐这一个词的本义上来说，它能丰富你的生活。但是，只有当你采取行动时，这一切才会发生。你必须采取一些行动。

如果你只是通读了一遍本书，并没有做练习，你就应该再回到前面，从头开始。请相信，金钱使人快乐。

本章要点

• 成功意味着获得你所爱的东西，而幸福意味着享受你获得的东西。

- 富有是神灵的财富委托行为，其持有者有义务倾其一生来造福社会。
- “治愈”无意义之感的最好的方法就是去关心他人。
- 通过捐赠金钱的方式你证明了，你可以富有责任感地处理金钱，你可以妥善地运用金钱。
- 捐赠金钱这一行为证明你的自信。
- 捐助他人意味着期望财富。而我们的期望决定了我们实际能获得什么。
- 爱这个世界的人，也会被世界以爱相待。给予这个世界金钱的人，世界将会以金钱回报他。
- 付出给人一种生气和能量之感。
- 富有而不承担责任的人是不快乐的。

展望：未来会如何发展

知识能扫除积累财富的两个敌人：风险和恐惧。

——查里斯·基文斯《无风险致富》

你现在已经了解了什么样的技巧和策略能改变你自身的生活和你周围人的生活。当你放下这本书，你就有了两种选择：你会获得一种自己学到了很棒的东西的感觉，于是你会这样坚持下去。你也可以集中精力去改善你的经济和生活，你可以运用这些理念来实现奇迹，为自己设计一场全新的人生。

西塞罗或德摩斯梯尼

古代有两位杰出的雄辩家：西塞罗和德摩斯梯尼。每当西塞罗结束演讲时，人们会站起来鼓掌并高亢地呼喊："多么精彩的演讲啊。"然而，每当德摩斯梯尼结束他的演讲时，人们会呼喊："让我们采取行动吧！让我们马上就开始吧！"他们也的确会这样做。

如果你阅读这本书，仅仅是对自己说“多么棒的一本书啊——非常有趣的观点和技巧”，却不去进行任何一点实践，那么你和我都只是在浪费彼此的时间。

吉米·罗恩曾经说过：“世界上有两种人。两者都从书中了解到苹果是很好的东西。两者都清楚这一谚语：‘一天一个苹果，病痛远离我。’其中一种人说：我需要更多的背景信息。另一种人马上去了最近的水果店买苹果。”

“知识就是力量”这句格言实际上是错误的。正确的表述应该是：“知识运用起来才是力量。”所以想一想，哪一个目标是你想要马上实现的。

现在就开始一场新的无与伦比的旅行吧，一场也许会使你曾经有过的最大胆的梦想都黯然失色的旅行。正是如此，当我的导师走进我的生命时，我开始以本书中所写的原则为导向来生活。努力使你的生活成为一个杰作吧。

能量贴士

去使自己变得富有吧。去做一切对于你变得富有有帮助的必要之事。因为金钱使人快乐。也正因为金钱使人快乐，所以变得富有就应该是你的目标。

• 当你捐赠金钱时，你会使别人和自己感到快乐。

• 当你拥有金钱时，你会获得一种安全感。

• 随着你所拥有的金钱的增长，你能发现自身人格的成长。

•金钱使你拥有自由的生活。你可以做自己感兴趣的事情，你可以做符合自己天赋的事情，你可以做对别人有帮助的事情。

•借助金钱，你可以使自己及他人的才能获得更好的发展。

•只有拥有金钱，你才能阻止金钱成为生活中太过重要的事物。因为你拥有金钱做保障。

•金钱的作用是帮助你，而不是成为你的主要目标。

•你可以集中精力于那些对你而言很重要的事情。

•金钱能使你内心好的一面更多地显露，能让你拥有更广阔的思维。

•有钱才可能平衡生活。拥有金钱，你才能静下心来处理生活的其他方面。

•金钱使你的生活丰富多彩。你可以住在你想住的地方，结识你喜欢的人。

•有了金钱，你可以自由分配自己的时间。你不必因为某些事情再受到别人的安排，你可以追求自己的人生价值。

•金钱就是力量，因此，有了金钱你便也有了更多的机会去发挥出你良好的作用，促进他人的发展。

•有了金钱，你便可以更轻易地接近那些不允许你知足常乐，而是会鞭策你实现最优状态的人。

想象一下以下的场景：

7 年之后会有某个人出现在你的生活中。他会使用你的钥匙进入你的房子，使用你所有的物品，那些你辛苦得来的，好似心头肉一样的物品。

这个人会步步紧跟你。他会在你工作期间观察你，查看你的银行账单。他会阅读你的计划，看你今天做了些什么，还会监督你是否执行了计划，是否超额完成计划。当你对着镜子检讨自我时，这个人会望进你的眼睛里。

这个人就是你，就是你为自己塑造的人格。问题是：这究竟是一个什么样的人？他相信什么，做什么，他有什么样的信仰？这个人的周围都是些什么样的朋友，有谁爱他？他住在哪里，使他引以为傲的事情是什么？

你目前在向着哪个方向发展？在本书开头，你问过自己这个问题：如果我不去做任何改变，7 年之后我会变成什么样？如果你不改变这一方向，你难道真的想要任自己的生活随意发展吗？

约翰·奈斯比特曾说过："预言未来的最佳方式就是清楚知道当前的情况。"因此你应该对自己保持诚实。读完本书之后，建议你抽出一点时间来思考一下未来的方向。

你想要走"不断学习和成长"这条道路吗？如果本书能够在这方面对你有所帮助，那么我表示十分感激。写信告诉我吧，我也会为你的成长感到高兴。也许未来某一天，我也会在书中写下你的成功故事。说不定我们会在某时某刻某地相遇，这样的概率还是很大的。那些引发奇迹的人也许是少数，但由于他们发展得如此之快，所以无处不在。

建立一个团队，使自己持续走在富有之路上

做完决定，你就应该去结交那些你们当中最优秀的人。去结交那些能引发奇迹的人，因为你应该去做对于实现目标有帮助的所有必要之事。去结交那些能实现成果，每天成长且能够帮助你的人。去结交那些从不允许你知足常乐，而是会不断鞭策你达到最好状态的人。仅仅接近这些人，你都会不断地感受到他们对你的促进力，使你继续发展，不断成长。能够接近这些人便是你想要获得的最大礼物。

接近这些人也使你快乐。如果你问人们生命中最美好的经历是什么，那么你一定经常听到这样的回答：他作为团队一员所做之事。成为团队中的一员，能促使你进步和成长。团队形成的竞争和合作环境是你个人无法营造的。

请将本书的理念传递下去

我还有最后一次挑战要给你：请将本书的理念传递下去。请让每一个人都知道富有是人生而就有的权利。

这样做有两个合理的理由。首先，我们教给别人的恰恰正是我们自己大多情况下必须学习的东西。我们坐在一起，与别人分享自己的想法。通过这种方式，我们会不断地想起对我们真正重要的东西。其次，去帮助他人，使他人的生活发生一次真正重要的、积极的改变，这一切将会给予你不可思议的财富和幸福感。

你现在已经知道你必须做什么，应该怎么做。接下来就是最关键的一步了：采取行动。尽可能快地采取行动。为了自己，也为了他人去采取行动吧。在每一次行动时都超出别人的期望吧。这样一来，你便会成为最好的自己。

我坚信，我们所有人都有自己的使命，我们的生命是有意义的。你现在处于什么样的状态，这并不重要，重要的是，你在向着哪个方向发展。

财富是你与生俱来的权利——永远不要忘记这一点！阳光之下有你的一席之地。让你的生活不同凡响吧！向自己和他人证明，从现在开始，你在7年内能变得富有！

我个人对你的祝福

现在我得跟你道别了，同时将我的祝福送给你：

祝你去行使你与生俱来的权利；

祝你在物质和精神上都能收获成功和财富；

祝你身体健康、生活美满，与他人相处和睦；

祝你实现人生价值，做感兴趣的事，发挥能力去做有益于他人的事；

祝你能够充分开发自己的天赋，为自己创造一片天地；

祝你不断地学习和成长，成为最好的自己；

祝你同他人分享你的快乐和财富，并从中获得满足感；

祝你行使自己与生俱来的权利，使自己的生活不同凡响。

致谢

非凡的成就往往都是多人良好合作的结果。

我有幸向那些极为优秀的人进行了学习。遗憾的是在此我无法一一列出各位的名字，但我将我最诚挚的谢意致以你们。然而，我还是想提名感谢几位对我影响颇深的人：神职人员温弗里德·诺阿克博士；皮特·惠威尔曼，我的第一位教练，他教给我关于成功的基础原则，使我享受充满信任的关系的美好；沙米·狄龙，沟通大师；以及亿万富翁丹尼尔·S. 佩纳，引导我进入世界顶尖金融世界的亿万富翁。

本书是在上述人物对我的影响下，以及坎帕斯出版社编辑奎尔富特女士和希克灵先生建设性的帮助下完成的。他们任何一个人对我的帮助都非同小可，当然，他们的帮助对一个人的发展也是有积极影响的。

最后，同样重要的是，我尤其要感谢参加我讲座的学生，他们给了我无数的创意。

附录：值得一读的同主题好书

Bandler, Richard/Grinder, John: *Reframing-ein ökologischer Ansatz in der Psychotherapie (NLP)*. Paderborn:Jungfermann, 1984

Barnhart, Tod: *Die fünf Schritte zum Reichtum*. Berlin: Ullstein, 2001

Beike, Rolf/Schlütz, Johannes: *Finanznachrichten lesen - verstehen - nutzen*. Stuttgart: Schäffer Poeschel, 2001

Chilton, David: *The Wealthy Barber. Everyone's Commonsense Guide to Becoming Financially Independent*. Rocklin (California): Prima, 1996

Chopra, Deepak: *Die Körperzeit - Mit Ayurveda jung werden, ein Leben lang*. Bergisch-Gladbach: Lübbe, 1994

Clason, George S.: *The Richest Man in Babylon*. New American Library, 1997.Deutschsprachige Ausgabe: *Der reichste Mann von Babylon*. München: Goldmann, 2002

Csikszentmihalyi, Mihaly: *Flow: Das Geheimnis des Glücks*. Stuttgart: Klett-Cotta, 1999

Cutler, Peter: *How to Increase Your Personal Wealth*. London: Thorsons, 1992

Dominquez, Joe/Robin,Vicki: *Your Money or your Life. Transforming Your Relationship With Money and Achieving Financial Independence*. Penguin, 1992

Erhenbach, Erich/Gotta, Frank: *So funktioniert die Börse*. Frankfurt a.M.: Societäts-Verlag, 1997

Fehrenbach, Peter/Kapferer, Helmut: *An Investmentfonds verdienen*. Feiburg i.Br.: Haufe, 2001

Fisher, Mark: *Das innere Geheimnis des Reichtums*. Freiburg: Verlag Hermann Bauer, 2000

Friedman, Milton: *Kapitalismus und Freiheit*. Frankfurt a. M.: Eichborn, 2002

Garner, Robert J., u. a.: *Ernst & Young's Total Financial Planner*. New York:Wiley, 1996

Givens, Charles: *Financial Self-Defence. How to Win the Fight for Financial Freedom*. Pocket Books, 1995

Givens, Charles: *Wealth without Risk for Canadians*. Stoddart, 1995

Handy, Charles: *Die Fortschrittsfalle. Der Zukunft neuen Sinn geben*. München:Goldmann,1998

Jeske, Jürgen/Barbier, Hans D.: *So nutzt man den Wirtschafts-und Finanzteil einer Tageszeitung*. Frankfurt a. M.: Societäts-Verlag, 2000

Levinson, Jay/Godin, Seth: *Das Guerilla Marketing Handbuch. Werbung und Verkauf von A bis Z*. Frankfurt a. M.: Campus, 1996

Lynch, Peter/Rothchild, John: Lynch III: *Der Weg zum Börsenerfolg*. Kulmbach:Börsenmedien-Verlag, 1996

Machtig, Brett: *Wealth in a Decade*. Irwin, 1997

Pilzer, Paul Zane: *God Wants You to Be Rich*. New York: Simon & Schuster,1995

Riles, Al/Trout, Jack: *Positioning. The Battle for Your Mind*. New York: Warner Books, 1993

Schramm, Petra: *Geldgeschäfte und Kapitalanlagen in alter Zeit*. Edition

Rarissima, 1988

Smith, Adam: *Der Wohlstand der Nationen*. München: dtv, 1999

Stanley, Thomas J./Danko, William D.: *The Millionaire Next Door. The Surprising Secrets of America's Wealthy*. Longstreet Press, 1997

Trout, Jack/Rivkin, Steve: *New Positioning*. Düsseldorf: Econ, 1996

Umhauer, Gerd: *Im Club der Millionäre-Erfolgsstories der Mega-Reichen*. Landsberg: Moderne Industrie, 1992